Philosophie der Renaissance

ルネサンスの哲学

ライプチヒ大学哲学史講義

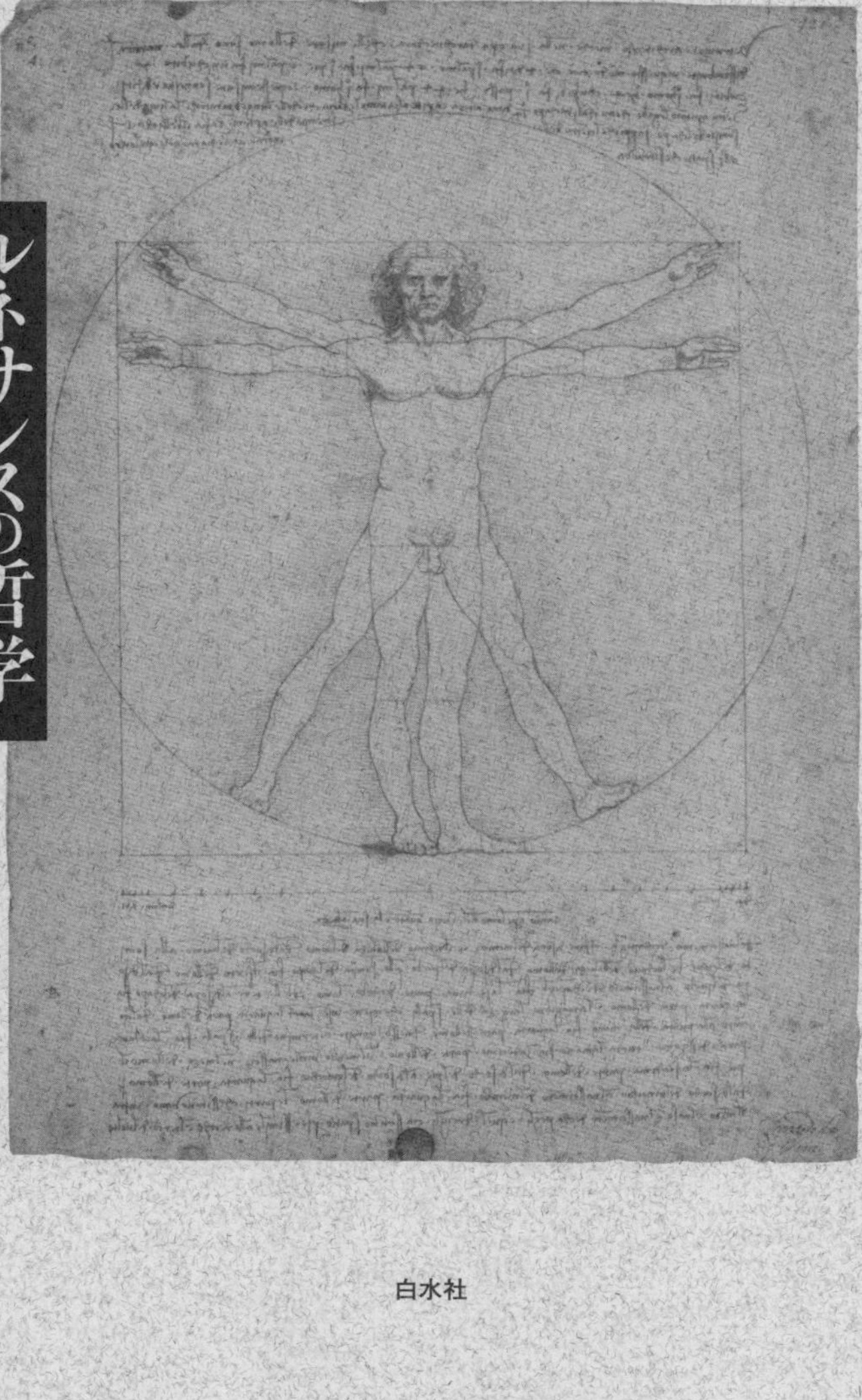

エルンスト・ブロッホ

古川千家＋原 千史 訳

白水社

ルネサンスの哲学——ライプチヒ大学哲学史講義

マルグレートとヴェルナー・ダウジエンへ

装丁——伊勢功治

ルネサンスの哲学　目　次

凡例

本書は Ernst Bloch Gesamtausgabe, Bd. 12, Zwischenwelten in der Philosophiegeschichte. Aus Leipziger Vorlesungen, Suhrkamp Verlag, Frankfurt am Main, 1977 所収の Philosophie der Renaissance の全訳である。翻訳にあたっては Ernst Bloch, Vorlesungen zur Philosophie der Renaissance, Suhrkamp Verlag, Frankfurt am Main, 1972（suhrkamp taschenbuch 75）を参照した。

一　原文中のラテン語、ギリシャ語で直後にブロッホのドイツ語訳があるものは、日本語の訳語を示した後に（　）して原語を示した。この内、術語として繰り返し使用されるものには適宜ルビを振った。ラテン語からの引用文は日本語の訳文のみを示し、原文は省略した。

二　単独で使用されるラテン語、ギリシャ語、フランス語の内、必要と思われるものには日本語の訳語を示した後に（　）して原語を示し、比較的よく知られているものにはルビだけを振った。

三　原文中の》《の箇所は《　》で示した。ただし、書名の場合は『　』、引用文、呼び名の場合は「　」で示した。

四　原文中のイタリック体の箇所には傍点を付した。

五　〔　〕の箇所は、訳者が補ったものである。

六　読みやすくするため適宜改行した。原文の改行箇所は一行開けて示した。

七　引用文は直接の引用は独立したパラグラフで示し、短いもの、箴言に類するもの、間接の引用は「　」を付して本文中に示した。

八　本文を理解する上で最小限必要と思われる事項に訳注を施し、巻末にまとめて掲げた。

九　中扉図版は訳者が新たに添えたものである（一はコペルニクス、二はフィチーノ、八はガリレイ）。

一 序論

転換期

私たちが取り扱う素材は、世界史がまだ見たこともない、上昇する階級の活力に満ちた朝、つまりルネサンスです。

ルネサンスは、ただたんに何か古いものの再現という意味での復興ではありませんでした。たとえばルネサンスは通常、古代の復興と解釈されますが、むしろそれは、人間の脳裏にいまだ浮かんだことのないものの新生であり、地上に現れたことのない人物たちの出現でした。

かくていまやたくさんの人物が現れて、自分の仕事をなしとげ、青春期の時代を謳歌します。社会が向きを変え、ある新しい社会が昇って来ます。フリードリヒ・エンゲルスは、ルネサンスを人類がそれまでに体験した「最も偉大な進歩的革命」と呼びましたが、まさにその通りです。

確かにそこには相反する動きがあります。建築家のアルベルティは、彼の時代の感情をありのままに意味深く、「働くために人間は創造された。それゆえ、利潤をうることが彼の使命である」、と表現しています。これに対してフッテンは、イデオロギーを超えた時代の飛躍、青春期の意識を開示します。「諸学は開花し、見解は衝突する。生きることは喜びである」と。

前期資本主義の最盛期——技能をもつ人間《ホモ・ファーベル》、無限なる遠方への衝動と意識

こうして労働が合図となります。もはや働くことを恥と思わぬ労働する人間が現れます。労働は人間をはずかしめ、尊厳を奪うという理由から、貴族階級は労働を妨げる柵をもうけましたが、いまやその柵はくずれ落ちます。その結果、技能をもつ人間が、生産しつつ世界へ介入する者が現れます。

確かにこの生産的な介入そのものは、新しい状況としては、まだ十分には把握されていません。前期資本主義の経済様式が、はっきりと現れて来ます。経済学の観点からいえば、それは都市の市民階級《ブルジョア》が専制君主と同盟して、騎士階級の封建主義を打倒する時代です。そのための余地は、すでに設けられていました。

イタリアではすでに十三世紀、あるいは遅くとも十四世紀以来、職人一揆の中で新しい道が開かれていました。とりわけ、商業資本が新しい企業の形態を取り、フィレンツェのメディチ家によって最初の銀行が創設されました。こうして、工場制手工業の企業が一方では手工業の企業と対抗し、他方では共存しながら基礎を固めてゆきます。そして、必要不可欠な原価計算が始まります。なぜなら、商品はもはや閉鎖的な都市の市場にではなく、黎明期の開放的な世界市場に向けて出荷されたからです。

こうして、前期資本主義の商品経済が現れ、イタリアは封建時代の経済上の足かせが最初に解かれた場所となりました。それゆえ、イタリアがルネサンス誕生の地となります。いまや二種類のものが新事象《ノーヴム》として現れます。まず閉鎖的な市場と関わる身分制度的な経済様式に対して、個人の意識が個人的な資本主義的経済様式を土台として現れます。もうひとつは、無限なる遠方への衝動と意識で、これは封建的‐神学的社会の、堅固で閉鎖的な世界像と対をなすものです。

まず最初は個人、技能をもつ人間《ホモ・ファーベル》についてです。芸術作品の原作者として、個人の添え名も現れます。個々人の内に様々な力が予感され、これまで見られたことのなかった力が発見されます。そして、これら個人の力は、同じ社会的要請の中で新しい技術を解き放ったあの力に、負けず劣らず現れて来ます。ルネサンスは新しい生産手段の発明の時代であり、まさにレオナルドの女神《ミューズ》はこの技術に没頭しました。しかし、発明する者、賭けをする者は、それ自身としては生産力の下での新事象にすぎません。

新事象は上部構造へ反映して、演劇においても個人の出番となり、長いこと保持されてきた宮廷風の固定的な役割の諸類型に対して、性格ドラマが勝利をおさめます。その頂点はシェイクスピアです。〔従来は〕上流階層の人物は等しく定型化貴族化されて厳格な宮廷風の人物として描かれ、農民と市民も固定的な類型に基づいて中世風に描かれましたが、シェイクスピアの場合、そうした役柄に代わって、他の人物とは代えがたい面白い役柄、多面的な人物が登場します。

技能をもつ人間につづく第二のものは遠方です。地理学の観点からいえば、利潤という社会的要請の背後には発見の時代が、つまりコロンブス、マゼランの時代が、最初の世界航海とそれに続く時代があります。また、宇宙論の観点からいえば、同じ要請と密接に関連しながら、地球中心的な見方が捨て去られ、太陽中心的な見方が受け入れられます。コペルニクスが勝利をおさめます。

地球が太陽の周りを回るというテーゼは、すでに古代のタレンツゥムのアルキュタスによって定式化されていました。十四世紀にはある偉大なフランスの数学者、すなわち中世でただひとりの優れた数学者ニコラウス・フォン・オレスム〔＝オレーム〕が、同様に太陽中心説のテーゼを立て、計算を用いて非常にうまく仕上げました。その手なみはコペルニクスよりも優れていると、専門家たちが保証しています。しかし、当時はまだ、それを受け入れるための要請は存在しませんでした。

ルネサンスの時代に入り、遠方への意志として、膨張する意志として、そのための要請が現れて来ます。すると、以前なら逆説で無意味と見なされたもの〔＝地動説〕が、とりわけ教会の〔従うべき〕断言という別の社会的要請によって妨げられて来たものが、たちまち明白な事実となります。この教会の断言は、聖書の「太陽と月は地球を回る光である」という主張に基づいていました。したがって、太陽中心の体系は、ジョルダーノ・ブルーノの火刑やガリレイに対する度を越した脅迫が示しているように、たとえたくさんの妨害をともなうとしても、なおさら復活《ルネサンスハフト》するがごとく出現します。

いまや自然が浮かび上がって来ます。中世においては、自然は悪魔的で下級のデーモンが住む国であり、ビザンティンの絵画においては、まだまったく沈み込んでいました。ビザンティンの絵画には人間の運命が潜み、その背後には金色の下地がありましたが、この金色の下地はどこにあるのか、はるか遠くにあるのか、それとも近くにあるのか、下地そのものには像が描かれているのかどうか——それらをいちいち説明することは困難でした。この金色の下地には外界〔＝自然〕が沈み込んでいて、彼岸から此岸へ光が射し込むか、さもなければ、此岸から彼岸へ向けて、光が影を投げかけていたのです。

この金色の下地はイタリアの画家チマブエによって初めてほぐされますが、最も力強くほぐしたのはジョットの場合です。とはいえ、ジョットの場合も、風景はただ行為する人物に同伴するために存在し、回りを縁取りするにすぎません。絵画にはまだ地球中心的で、人間中心的な見方が残っていますが、ジョットの場合、人物の位がどんなに高くても、背景〔＝風景〕のための場所だけは確保されます。

　こうして、背景は背景以上のものとなり、やがて訪れるルネサンスの風景画の中で主題化されます。その過程で遠近法が発見されますが、それは世界的規模で広がる商業取引とコペルニクス的な世界像に照応しています。人々は窓を通して果てしない風景に見入ります。たとえば、ヤン・ヴァン・エイクが描く都市の眺望がそうです。世界が広くなるにつれて自然が獲得され、此岸の魅力がますます興味を引き、彼岸の魅力はしだいに薄れてゆきます。

　その結果、ある価値の転倒が起こります。自然体験、世界体験は、宇宙をただひとりの巨人《マカントロポス》とみなしたレオナルド・ダ・ヴィンチの場合のように、さしあたり汎生気論に行き着きます。それが汎神論に至るのは、ジョルダーノ・ブルーノの場合であり、中世の最初期と後期の多くの前奏曲の後で、彼においてやっとふたたび明確な形を取ります。ブルーノは〔宇宙の〕有限性をほぼ一貫して世界内在的に突破し、ルネサンス期の*超越的行為の活動的な活性化と超越の解体に標識を与えながら、哲学における無限宇宙の**恋愛歌人として現れるのです。

ルネサンスの哲学——市民《ブルジョア》階級の哲学の継子扱いされた端緒

それにもかかわらず、あるいはたぶんそれゆえにこそ、ルネサンスの哲学は、従来の哲学の市民階級的な歴史記述において、あまりにも過小評価されて来ました。ファウスト博士の時代は、哲学史の上ではいつもただ通りすがりに、覗き見られたにすぎません。この時代はもっぱら主要な関心事への、つまり「我思う、ゆえに我あり」(cogito ergo sum) という命題によって、近代の哲学が始まるとされるデカルトへの、ささやかな導入役を演じるにすぎませんでした。

しかし、事実はまったくそうではありません。デカルト以前に、たんなる前史以上の前史があるのです。さらにあの〔ゲーテの〕ファウストの独白にしても、ルネサンスがなければ存在しないかもしれません。彼の独白は依然としてそこから聞こえて来るのです。まったく同じように、ゲーテが関心を呼び起したプロメテウス的なものも、もとはといえば、ルネサンスが盛んに関心を呼び起したものでした。

その際、正しいプロメテウス的な概念を発見したのは、人文主義者のスカリゲルでした。彼の場合、プロメテウスは天に突進して私たちに火を運ぶ《第二の神》(alter Deus) であり、新しい人間の造形者であって、古代ギリシャにおけるような相も変わらぬ泥棒ではありません。ファウストもプロメテウスも、ルネサンスの中心的な存在であり、ルネサンスのイメージをまといながら、ともに歩んで行きます。

述べられるべき細目、いわゆる前史は、テレジオ、パトリッツィ、ポンポナッツィから、盛期のジョルダーノ・ブルーノに至る時代であり、さらにはカンパネッラの時代です。ドイツに眼を向ければ、パラケルススとヤーコプ・ベーメの時代であり、イギリスに眼を向ければ、フランシス・ベーコンの時代です。この時代に哲学から、さらにピュタゴラスのある新しい概念から、数学的自然科学が成立します。ガリレイ、ケプラー、ニュートンが現れます。市民階級的な自然法、市民階級の解放の偉大なイデオロギー、フランス革命の論理学が、アルトゥス〔＝アルトゥシウス〕とグロティウスの国家契約説において成立します。しかしまた、マキアヴェッリとボダンが、有益かつ啓発に富む形で対抗手を打ちます。そして、結局はホッブズにおいて自然法の国家契約説が、冷たい現実主義的なまなざしと結びつくのです。

二　端緒

いま述べたこと〔＝前史〕が始まる国は、まさに経済上の理由からイタリアです。イタリアは中世の社会が見捨てた異教的な古代が、なお至る所で周囲を取り巻き、けっして忘れ去られることのなかった国でもありました。その結果、異教の世界、此岸の世界と結びつくことが、イタリアでは最も容易だったのです。確かに、ルネサンスの此岸性を、もはや古代のそれと比べることはできません。しかし、いずれにせよ、それはひとつの此岸ではありました。

一四五三年にコンスタンティノープルがトルコによって征服されて以降、ビザンティンの知識人たち、プレトン、ベッサリオンらがイタリアに亡命し、この結びつきはさらに容易になりました。彼らはフィレンツェのコジモ・デ・メディチの屋敷にギリシャ語の知識を伝えました。コジモはプラトン・アカデミーを再建しましたが、それは五二九年に皇帝ユスティニアヌスによって、アテネのプラトンのアカデメイアが閉鎖されてから、実に九百年以上も後のことでした。フィレンツェのアカデミーが新プラトン主義の影響をかなり受けていたこと、いずれにせよプラトンを旗印として、かつプラトンの死後霊に狙いを定めて創建されたことが、後でわかるでしょう。

彫刻においても、古代は必ずしも忘れ去られはしませんでした。ニコラ・ピサーノは、すでに十三世紀以来、彼の彫刻作品で古代の形式を用いていました。イタリアでは、ゴシックの垂直線は、完全な形では現れなかったのです。古代の水平線がほぼ至る所に残っていたのです。ミラノの大聖堂のような例外は非常にまれで、それだけになおさら激しく北方〔＝ゴシック〕を志向していました。

したがって、古代の記憶はすでに根づいていたのですが、いつも争いはつきませんでした。十六世紀になってもなお、何かあるギリシャの立像、たとえば裸身の女神や裸身の神が発見されると、主の激しい怒りを鎮めるために、ローマのすべての教会で贖罪のミサが催されました。なぜなら、呪われた異教の偶像が、ふたたび白日のもとにさらされたからです。

　十六世紀のイタリアは、デューラーとゲーテが旅したイタリアであるだけでなく、聖地の巡礼者が旅した国でもあることを忘れてはならないでしょう。つまり、ルネサンスの教皇たちがいるにもかかわらず、同時に反古代のイタリアも存在するのです。とはいえ、反古代のイタリアはやがて打倒され、その闘争過程で新世界が前へ歩み出ます。そして、数世紀にわたるスペイン化によって、さらにまた反宗教改革の影響によって、イタリアは擬古的な作風からほぼ脱け出すことになります。

マルシリオ・フィチーノ（一四三三—一四九九）は、プラトンを初めて翻訳し、とりわけまた、偉大な新プラトン主義の哲学者プロティノスを翻訳したことから、とくに重要な人物です。両者ともすでに知られてはいましたが、従来はただアラビア語の翻訳を通じてでした。それに代わって、いまやこの二人の偉大な観念論哲学者のラテン語訳が、そして部分的にはすでにイタリア語訳が成立したのです。

　フィチーノはまた、新プラトン主義の諸観念を、とりわけ世界（＝宇宙）がそこから流出する原光の観念を復活させました。原光は宇宙《コスモス》を流出させ、それをくまなく照らします。しかし、ここではプロティノスの価値判断がひっくり返されて、此岸が貴重なものとなります。

　確かに此岸はまだ彼岸的なものによって、くまなく照らされています。とはいえ、それは雪花石膏《アラバスター》製のランプが内部の不可視の光で輝くのと同じで、私たちはその光を必要としないし、求めもしません。なぜなら、反射する光の方が、光よりも美しいからです。こうして、原光の輝き《シャイン》の方が、原光そのものよりも重要になります。仮象《シャイン》こそが美となるのです。神聖で崇高なもの、神秘で疎遠なもの、要するに彼岸のものは、此岸の世界では美として現れるのです。人間は此岸を確かめます。不思議な力によって支配される世界に、信頼が置けるかどうかを確かめるのです。

光の此岸の輝きは、第二の哲学者において、いっそう明瞭になります。同じように、フィレンツェのプラトン・アカデミーで教えた、ジョヴァンニ・ピコ・デラ・ミランドラ（一四六三―一四九四）の場合です。彼の場合、以前よりも明瞭な形で、人間にまなざしが向けられます。

人間は独断を下せる地位につき、技能をもった人間は萎えていた手足を動かして、自分の存在を感じます。ミランドラは、「人間は周囲をもっと簡単に見渡せるように世界のただ中に置かれた。それゆえ、人間は世界の内に存在するものを見る」、といっています。ここで世界の中心にあるのは、太陽ではなくて人間です。

その結果、人間は世界の内で故郷にいるように感じ、世界を自分自身の背景としてもちます。世界は人間のために創造されたのではありませんが、世界は人間の肉と血でできており、したがってもはや故郷喪失はなく、見知らぬ者も不安も存在しません。中世の人間が恐れたデーモンたちは、あっという間に深い淵に落ち、彼らに対抗して立てられたと思われる十字架も落ちて行きます。

世界はふたたび異教的になり、人間は直立したギリシャ風の尊厳を取りもどします。深い罪の意識、ひざまずいた姿勢、ゴシックの像の屈曲し屈折した線に代わって、ふたたびギリシャの礼拝者の像が、屈託なく立つ自由な青年の像が、直立歩行で光にかざした両手が現れます。ミランドラは、『人間の尊厳』という講演の中で、次のように述べています。

動物たちは所有すべきものを母親の胎内から持ち出して来ます。より高次の霊たちは、最初から永遠にあるがままの存在です。あなただけが、人間だけが、自由な意志にしたがって発展をもち、成長をもつのです。あなたはあらゆる種類の生命の芽を、あなたの内に所有しているのです。

つまり、人間だけが未完成な存在であること、人間は流動的な存在であること、それが人間の尊厳なのです。人間のエロスは動物と神の中間にあり、人間は所有すると同時に所有しません。人間の所有の内には非所有があり、それゆえにこそ人間は所有に憧れざるをえず、また人間の非所有の内には所有があり、それゆえにこそ人間は光に憧れることができます。

こうしたプラトンの思想がここで取り上げられますが、プラトンに対して論争をいどむ形で行われ、ある別の誇りをもって、プラトンとは別の世界形成をもって行われます。つまり、感覚で知覚できるものの方がイデアの彼岸よりも、また被造物の方が創造主よりも重要であり、被造物が創造主を概念の形で照らし出すのです。

私たちはふたたび被造物を原光からの流出として手にしますが、その際、グノーシスとカバラのたくさんのイメージがミランドラによって引き継がれます。なぜなら、ルネサンスはまさに魔術の時代でもあり、自然支配は魔術の道を歩むからです。魔術とは人間がまだ所有していない技術の願望形態に他なりません。私たちが制御できるかもしれない魔術の諸力は、ファウストの独白におけるように、上昇したり下降したりする天の諸力として、この美的な世界像の中を貫流しています。そして、被造物のすぐそばで高く直立する人間には、そこへ踏み入る入口があります。

　ファウストの独白を聞くと、私たちはこの時代の雰囲気が、まったく後から生まれたように、つまり十八世紀に新たに出現した市民階級の革命的気分から生まれたように感じます。しかし、書見台のそばのファウストはルネサンスそのものであり、ゲーテはふたたびこの人物にルネサンスの広がりを与えたのです。天の諸力は上昇したり、下降したりします。世界は下から上へ、上から下へと生成する諸力であふれています。恋愛奉仕*は世界という美しい婦人に対して行われ、もはや騎士の奥方、貴族の婦人に対しては行われません。そして、人間は世界に対するこの奉仕を通して、主観と客観の素晴らしい初期の均衡を保ちながら、自分の正しさをますます確信してゆくのです。

　私たちが向かう第三の思想家はテレジオ（一五〇八―一五八八）です。彼は「研究の出発点は感覚的経験でなければならぬ」とする要請に従って、自然研究のための最初の協会を設立しました。その要請は世界に奉仕する点でまったくギリシャ的ですが、新プラトン主義風に解釈されたプラトン主義とは違います。むしろそれは、ソクラテス以前の哲学者たちのもとに、当時ふたたび忘却の淵から浮かび上がったエンペドクレスのもとに立ち帰るものです。

　テレジオによれば、自然界で運動する二つの力の根源は熱と光であり、両者はまた物質的な力でもあります。たぶんルクレティウスを意識的に想起し、彼との格闘を記念して、テレジオは自分の主著に『事物の本性について』（De natura rerum）という題をつけています。

テレジオは諸現象の根本原因を自然界の内に探し出します。世界の内では乾と熱が湿と冷と闘っており、熱の領域は同時に闘いの領域でもあり、二つの活動的な力――つまり太陽のような膨張力と、地球のような冷たい収縮力との、相互作用の領域でもあります。事物の内の地球的なものと太陽的なものとの間には、ある持続的で弁証法的な相互作用があって、太陽的なものが地球的なものに勝利する過程で光が生まれます。

ゲーテは後に闇から光へ脱出する類について語りましたが、すでにそのような意味において、それは光への帰依といえます。光は価値概念として、ふたたび「啓蒙」[*]という語に現れます。雲は消え去って、晴れた青空が現れねばなりません。数世紀来、テレジオの自然哲学に見られるほど、強烈な光の崇拝はありませんでした。

四番目の思想家はパトリッツィ（一五二九―一五九七）です。彼の主著は『宇宙に関する新哲学』（Nova de universis philosophia）といい、「名は予言なり」の言葉どおり、書名がすでにヒントになっています。

私たちがここで手にするのは、以前の哲学者たちの場合と同様に、活性化した宇宙だけではなく、創造主が被造物の背後に後退してしまうことだけでもありません。また、源泉や熱源や原光だけでもありません。パトリッツィは最上位の原理を、パルメニデス以来、久しく耳にしなかった「一にして全」(Hen kai Pan) という名で呼んでいます。この名によって、世界の宇宙的な関連が、汎神論の観点から強調されます。

そればかりか、一にして全なるもの以外は何も存在しません。パトリッツィはこの「一にして全《ヘン・カイ・パン》」をラテン語に翻訳して「全一」(unomnia) という一語で呼んでいます。全一は無限の宇宙を満たす唯一の原光です。「死んだものは何ひとつ存在しない」、とパトリッツィはいっています、「死んだ物質は存在しない。むしろ万物は汎神論的な生の息吹によって、つまり世界神の生の息吹によって満たされている」と。この統一的な関連はどんな超越によっても妨げられず、そこに奇跡の余地はありません。そして、プネウマという意味での〔生の〕息吹の無限性以外には、どんな無限性も存在しません。

私たちはここで、神と関連づけられて来た神学的なカテゴリーが、その中でも無限性が、非常にゆっくりと、しかし確かな足取りで、崇高性の見者たちを引き連れながら、宇宙へ転用されてゆく様子を目にします。コペルニクスが私たちの惑星の体系について語ったのは、つい今しがたのことでした。彼は恒星天をあくまで有限な閉鎖系として存在させたのでした。

ギリシャ語からの翻訳の仕事を除けば、これがコジモの屋敷での、また新しいプラトン・アカデミーでの精神生活と活動のおよその概略です。もちろん、フィレンツェのプラトン主義者たちは、最終的には新プラトン主義者になりました。プラトンとプロティノスの相違はかき消されるか、さもなければ、まったく気づかれませんでした。プロティノスの原光における超越的なもの、精神的なものの放射は、プラトンの場合にはけっして現れないにもかかわらず、プラトンに由来するものとされました。

こうして人々はみずから望んだようには簡単に彼岸から別れることができず、新プラトン主義によってふたたび彼岸へと引きずりもどされました。新プラトン主義者たちはみずからがセイレーンであることを実証して真理を敵に引き渡すか、少なくとも友人ではない者、もはや親友にはなりたくない者に引き渡したのです。

傾向の変化が見られたのは、人々がある哲学者のもとへ立ち帰ったときでした。その哲学者とは、この場ではもはや教父たちと何の関係もありえない者、真の偉大な異教徒アリストテレスでした。確かにアリストテレスは中世においてはもっぱら教会の哲学者となりましたが、プラトンとプロティノスが教会に与えた影響とはまったく異なるやり方においてでした。

しかし、いまや人々は真のアリストテレスを発見し、さもなければ発見したと信じ、ヴィンデルバントが述べているように、真のアリストテレスをして、中世の彼の化身と闘わせました。それは教会に対するきわめて大きな一撃となりました。アリストテレス風のスコラ哲学に対する闘争は、本物として持ち出されて来たアリストテレスから出発する方が、新プラトン主義者たちやプラトンから出発するよりも、まして数学的自然科学の純粋な考慮から出発するよりも、いっそう核心を突いたからです。

いまやここにアリストテレスを革新した哲学者ポンポナッツィ（一四六二―一五二五）が現れます。

しかも彼は、「原典の復活」といわれた確実な解釈、つまりペリパトス学派の最後の一人、アプロディシアスのアレクサンドロスの解釈に基づいてアリストテレスを革新しました。ミランドラを除けば、ポンポナッツィの意識は、他の人々よりも開明的でした。なぜなら、彼の著作『霊魂の不滅について』(De immortalitate animae) において、霊魂不滅〔の学説〕と闘ったからです。

教会に対する彼の闘争の主眼は、アリストテレスとその解釈者アプロディシアスのアレクサンドロスに基づいて個人の永生を否認し、地獄か煉獄か天国へ至るとする人間の運命を否認することでした。それは〔教会の〕イデオロギーに反する巨大な一撃となって教会の贖宥権を襲いました。なぜなら、教会権力の本質は、天国か地獄かを決める鍵の権能を、激しく振り回すことにあったからです。そういえば、鍵はキリストの代理人の紋章に描かれていました。教会権力は本質的には超越〔＝地獄〕の恐怖によって支配しながら、みずから説教を行ったのです。その恐怖は十八世紀に至るまで人々を苦しめ、彼らの人生に暗黒の影を落としました。人々が恐れたのは最初の死ではなく、二番目の死、つまり地獄だったのです。

しかし、アリストテレスに従えば、彼の原典を読むならば、霊魂は肉体の*完成態《エンテレケイア》であり、この完成態は肉体の消滅によって用済みとなります。アリストテレスの場合、普遍的な人間霊魂はもちろん生きつづけますが、個人的にではなくて、たぶん私たちの最良の部分として生きつづけます。とはいえ、個人の記憶と運命は、死とともにとだえます。この世の法廷の前でとは違って、私たちは私たち個人の消滅に代価を払いませんし、私たち個人の功績が報われることもありません。

霊魂の不滅を疑う考え方が、以前にもまったくなかったわけではありません。古代の懐疑論、古代の唯物論者たちは霊魂の不滅を否定しました。たとえば、エピクロスは、「君は死に不安をおぼえる必要はない。なぜなら、君が在れば死はなく、死が在れば君はいないからだ。それゆえ、君が死と出会うことはあるまい」、と述べていました。

ポンポナッツィの場合のように、解放への入口が社会に存在しなかった場合には、それに対する反応は別のものへの入口となりました。たぶん伝道者ソロモンのことはよく知っているでしょう。「伝道の書」（Ecclesiastes）というのは、ルターが〔聖書で〕「伝道者ソロモン」という題で翻訳した書のことです。それはソロモン王の作とされますが、もちろん彼とは何の関係もありません。むしろそれはヘレニズム末期の著作、おそらく紀元前三世紀のものでしょう。そこには有名な「万物は空しい」という文がありますが、これはギリシャの懐疑論者や唯物論者たちの影響を受けたものです。第三章十九節から二十一節にかけて、次のような有名な諸節があります。

> なぜなら、事の成り行きは人間も家畜も同じだからだ。後者が死ぬのと同様に、前者もまた死ぬ。彼らは皆、同じ息をもっている。そして、人間は家畜にまさるものを、何ひとつもっていない。なぜなら、万物は空しいからだ。万物は同じ所におもむく。万物は塵から造られ、ふたたび塵へ帰る。人間の霊魂が天に上るかどうか、動物の霊魂が地下に下るかどうか、いったい誰が知ろうか。

これらの言葉には深いペシミズムが表れています。それどころか、そこには古代のニヒリズムの一形式さえ認められます。とはいえ、無常の思想に対する人間の反応は、必ずしも解放には至りませんでした。その際、つけ加わることは、古代のユダヤ教においては、死後の永生はいずれにせよ存在しなかったということです。その場合、死後の生は冥府の国へ下りてゆきますが、そこは無意識の世界も同然でした。

個人的な永生の信仰は、聖書の世界ではずっと後になって、つまり預言者ダニエルのもとで初めて現れます。しかもその場合、もっぱら正義の意味をともなって現れます。すなわち、悪人たちは刑罰を受けるために生き残らなければならず、選ばれた者たちも勝利の喜びを味わうために生き残らなければなりません。その際、この生の永続からまったく異なったものが、正義の目的として引き出されました。教皇教会の巨大な権力装置のために、まさにイデオロギーの手段が引き出されたのです。

私たちが家畜と同様に死ぬという、最初の、いわば自然科学的な認識から、この上ない歓喜の声が生じることはありませんでした。歓喜の声が初めて生じたのは、教権主義によって大きくなった死後の地獄の恐怖から解放されて、死後の永生が否定されたときでした。それゆえにこそ、教会はこうした歓喜の声の前で立ちはだかる必要があったのです。ポンポナッツィの『霊魂の不滅について』(一五一六年)という標題からして、すでに教会に挑発的に作用しました。このポンポナッツィの問いかけから考えて、人々は何を期待しうるかを熟知していました。

アリストテレスにならったアラビア人のアヴィケンナとアヴェロエスの場合は、活動的な普遍的*霊魂の一部は個人的な形でも、いわばまた還元的な形でも不滅で、大きな役割を演じましたが、ポンポナッツィは霊魂の不滅を否定しました。アラビア人たちの場合、人類は一本の樹木であり、人類という樹木に葉が生い茂ります。そして、葉が秋になって樹木の中へ帰るように、人間は死ぬことによってふたたび人類の状態へ帰ります。それゆえ、ポンポナッツィは、これも神話として否定します。彼の場合、普遍的な人類への還帰というよりも、普遍的な物質への還帰が行われます。

確かにアリストテレス左派の後継者の場合もまた、とりわけアヴィケンナとアヴェロエスの場合もまた、永続的な物質の包括的な全体が内包されていました。彼らの場合、物質*〔＝質料〕は形相をかたどるためのたんなる蠟ではなく、むしろ形相が物質の中へ入って万物の根本原因となり、物質があらゆる誕生の母胎となりました。

物質の概念とはつまり、次のことを意味しています。物質そのものは形相**を与える者（dator formarum）であり、物質は超越的な形相という付属物なしに、世界のすべての現象を自分の胎内から産み出します。そして、諸現象は物質の中へ還帰します。しかし、いくら唯物論とはいっても、アラビア人たちは、したがってアヴェロエスもまた、人類の樹木という形でまさに人間の普遍的な不滅を認めました。その点で彼らの後継者たちは、この一人の偉大なアラビアの哲学者の名のゆえに、アヴェロエス主義者の学派と呼ばれました。

他方、アプロディシアスのアレクサンドロスに従ったポンポナッツィと彼の学派は、アレクサンドロス主義者と呼ばれました。アレクサンドロス主義者たちは、どんな流儀の霊魂の不滅も否定しました。アヴェロエス主義者とアレクサンドロス主義者が闘争を演じ、またパトリッツィとポンポナッツィが教えたルネサンス期のパドヴァは、まさにこのような闘争の際には、啓蒙の中心地のひとつになりました。

パドヴァの素晴らしい解剖用の講堂《テアトロ・アナトミコ》の内部には、すべて此岸の胡桃《くるみ》の木で造られた、前期ルネサンス様式の最初の解剖学研究所がありました。そこでは、解剖台の上に説教壇が置かれていました。そして、教授が死体を解剖する間は、解剖される死体の霊魂を鎮めるために、ひとりの修道僧が上の説教壇に立ってミサを催さねばなりませんでした。別のやり方では、解剖学の研究は許可されなかったのです。このような困難な状況のもとで、自然科学の道は切り開かれたのです。

それゆえにまた、ポンポナッツィはいわゆる二重真理の保護膜を、彼の道徳論のために形づくる必要がありました。彼は次のような説明をもち出します。すなわち、サメがライオンとめったに出会わないように――というのも前者は大洋で暮らし、後者は砂漠で暮らしているからですが、哲学者と神学者もめったに出会うことはないだろう。おそらく両者はまったく異なった対象を、つまり前者は自然の国を、後者は恩寵の国を、また前者は此岸の国を、また後者は彼岸の国を対象とするだろう。それゆえ、哲学において偽であることが、神学においては真であり、また神学において偽であることが、哲学においては真であることが、絶対に起りうるだろうと。宗教裁判の場では、こうした説明によって、赦免状が与えられました。つまり、すべての哲学者、すべての研究者が、修道僧の前に立つ時にはいつでも、良心の呵責を何らおぼえることなく、自分の説を撤回することが可能になったのです。

教会はもちろん、このような説明によって、長いことだまされはしませんでした。さもなければ、異端のかどで告発された者は皆、罪をまぬかれるかもしれないからです。いずれにせよ、この二重真理の赦免状には、古いテルトゥリアヌスの「不合理ゆえに我信ず、愚劣ゆえに我信ず」（quia absurdum, credo quia ineptum）の興味深い形が見られます。これに従えば、神学的なものは不自然であるばかりでなく、自然に反するものでもあり、理解を越えているばかりでなく、理解に反してもいます。

実際のところ、教会はこの〔二重真理の〕説をまったく受け入れませんでした。そして、トマス・アクィナスは、この説を完全に否定しました。つまり、「〔信仰の〕秘儀は理性に反しているのではなくて理性を超えており、人間の理性は神の理性の深部に達しない」というわけです。ポンポナッツィの場合、教会の上昇期の当初からある信仰の不合理説が、いまや没落期の教会に対抗するために利用されます。そして、この説は以後の数世紀にわたって、なお多くの異説を生むことになるのです。

三　ジョルダーノ・ブルーノ

こうした端緒があって、やっと大きな爆発が起こりました。本来のルネサンスの哲学は、ブルーノから始まります。彼は無限宇宙の偉大な恋愛歌人でした。中世の世界では彼岸だけがそうであったように、内在が彼によって非常に刺激的で興味深く神秘的なものになり、また人を圧倒すると同時に受け入れやすいものになりました。

さきほど述べたイタリアの自然哲学者たちの学説によって、ブルーノの学説はすでに用意されていましたが、彼の学説はそれを首尾一貫させたものです。とくにブルーノがつけ加えたものは、自分の認識に死ぬまで忠実だったことで、このことが彼を学説以上に忘れがたい存在にしています。キリスト教の殉教者はたくさん出ましたが、ソクラテス以来、ブルーノは最も明白な学問的真理の殉教者になりました。

ブルーノ（一五四八―一六〇〇）はノラに生まれました。若くしてドミニコ会の聖トマス修道院に入りました。事はそれだけにとどまりません。この修道院は十五世紀以来、魔女裁判官の修道院、つまり宗教裁判の中心となる修道院でもあったのです。というわけで、別に驚くことでもありませんが、すぐにいくつかのもめごとが生じました。その結果、彼は修道院を逃げ出して僧衣を脱ぎ捨てますが、たとえ僧衣を脱ぎ捨てたとしても、待ち受けているのは都市外市民がしばしば「心安らわぬ」と呼ぶ放浪生活です。この生活はしかし、けっして満足のゆくものではありませんでした。ファウストの魔術のマントもあるにはありましたが、この生活は彼をふたたび無理解な人々の中に投げ入れたのです。

ブルーノはとりわけジュネーブやレーヴェンの大学で、また十九世紀の初めにやっと閉鎖されたヘルムシュテットの大学で教えました。さらにヴィッテンベルクでも教えましたが、ここにはかなり長いこと住みついて、ルターとは異なったテーゼを打ち立てました。同じようにパリでも教えましたが、もしもミサへ行く義務を負っていたとしたら、ソルボンヌの正教授の職をうることができたかもしれません。彼はしかし、その義務を負いませんでした。

それから彼はロンドンへ渡りますが、そこでは一時的にせよ、厚いもてなしを受けることになります。今度は大学や市民階級の間ではなく、教皇から破門されたエリザベス女王の宮廷においてです。そこでは教養のある貴族階級はイタリア語を理解し、イタリア語を話しました。当時、ヨーロッパで教養の言語といえば、イタリア語のことだったのです。ロンドン社交界の紳士ブルーノは、イギリスの諸情勢へのあてこすりを込めて、とりわけ『聖灰日の晩餐』を執筆しました。

ところが、ひとりのならず者が、自分はブルーノの心酔者であり、学識に報いるために丁重にもてなすという口実で、ブルーノをふたたびイタリアへおびき寄せます。ブルーノはまず、このならず者とともにヴェネツィアへ向かい、すぐに待ち受けていた異端審問の犠牲になりました。ヴェネツィアからローマへ身柄を引き渡され、そこで七年間、牢獄につながれました。私たちはヴェネツィアの裁判書類は手にすることができますが、ローマの裁判書類は今日に至るまでヴァティカンに厳重に保管され、まったく手にすることができません。

この哲学者は自説の撤回を拒否して、一六〇〇年二月十七日、ソクラテスが死んでからおよそ二千年後、こんにち彼の記念碑が建っている同じ場所で、毅然と火刑を受け入れて落命しました。死刑の判決を受ける際に、ブルーノは次のような崇高な言葉を残しています。すなわち、「あなたがたは判決を受ける私よりも、もっと大きな恐れを抱いて判決を下そうとしている」と。火刑台というキリスト教の博愛にはおあつらえ向きの場所で十字架を差し出されたとき、ブルーノは首をそむけました。

まず初めに、彼の著作について触れておきましょう。近代の哲学においては、中世の思想が身にまとった鎧《よろい》兜《かぶと》式の時代は、すでにほとんど過ぎ去っています。したがって、カトリックの大学で展開された哲学は――カトリックの大学の方がプロテスタントの大学よりも、はるかに意義深く面白かったのですが、結局は粉飾を施したものであり、古いものをイエズス会のやり方で新しい諸関係に当てはめたにすぎません。この折にはたくさんの明晰な頭脳が現れ、比較的重要な思想家の場合には、いくつかの未解決の問題も生じました。たとえば、十七世紀初頭のポルトガル・コインブラ大学のスアレスの場合、とりわけその『形而上学の諸問題』（Disputationes metaphysicae）の場合がそうです。

とはいえ、だいたいはカビだらけであり、凡庸と教理問答書の山にすぎず、どこでも同じことが永遠にくり返し語られたにすぎません。その結果、学生として優等生が取るべき道は、新しいスコラ哲学の軌道の上に引かれました。しかも、かつてのスコラ学者の苦悩や努力をまったくともなわずに、まして実り豊かな大胆さを少しもともなわずに引かれたのです。

それに対して、いまや新しい思想が身にまとう形式は、自由な著作家の行為であり、対話であり、エッセイです。それゆえ、ジョルダーノ・ブルーノは、諷刺詩、教訓詩、対話を書きました。彼の主著は『原因、原理、一者について』(Dialoghi della causa, principio ed uno) といいます。彼はそこでプラトンの対話の形式をふたたび取り入れました。プラトンの対話は唯一の幸運な事例で、一度だけ成功した綱渡りです。それは対話がなくても存在する内容を表現したものではなく、対話的-弁証法的に進んでゆくプラトンの思想展開の天才的な形式です。そのようなことは、後にも先にも達成されたことはありません。私たちのもとから失われてしまったアリストテレスの対話においても、おそらく達成されていないでしょう。

ブルーノの場合も確かに達成されませんでした。彼の場合、対話は、対話の導き手がいずれにせよ別の行程ですでに見つけた思想を表現したものです。しかし、それにもかかわらず、長いこと即興喜劇の中で保存されてきた諸類型が、ここで明瞭な輪郭をもって現れる限りで、対話にはとても生き生きとしたものがあります。すでに述べた対話『原因、原理、一者について』の中では、哲学的な衒学者ポリインニオが現れます。彼はすでにどこかで書物をすべて読破したような陰気な学校教師で、ジョルダーノ・ブルーノがとくにきらったタイプの人物です。

ブルーノはヴィッテンベルクやヘルムシュテットの大学でも教えましたから、対話の他にもラテン語の著作を、つまり厳密かつ真剣に読まれるべき著作も執筆しました。とりわけ方法論に関する著作がそうです。中でも『像、記号および理念の構成』(De imaginum signorum et idearum compositione) は、ルルスの術の改良に取り組んだものです。そこでは結合術によって、思想の展開を機械的に軽減することが試みられました。ルルスの術は十三世紀にスコラ学者のライムンドゥス・ルルスが試みたもので、一種の計算機の開発に初めて取り組んだものです。最上位のカテゴリー、下位のカテゴリーが、特殊なカテゴリーが、三つの円に描かれます。この三つの円は互いに回転して、特殊なカテゴリーは、より普遍的なカテゴリーの下へ包摂されます。その結果、およそ可能なすべての包摂が、それどころか諸概念の結合が、演繹的なやり方で機械的に明らかにされます。

ここでいわばサイバネティックスがその胚細胞をもつのですが、ルルスはもちろん、思考における時間の節約にはそれほど関心を示しませんでした。むしろ彼はこの機械を手段として、信仰のない人々やイスラム教の人々のために、異論の余地のないキリスト教の真理を証明しようとしたのです。

とはいえ、手段の方が目的よりも長続きしました。なぜなら、この発明は《普遍的な特性描写法》(characteristica universalis) というライプニッツの問題の根源でもあるからです。数学では数を使って計算するように、ライプニッツは思想のアルファベットを使って、正確に計算しようとしたのでした。ジョルダーノ・ブルーノは方法論上の問題に没頭してルルスを取り上げますが、ルルスはもちろんよりゆるやかな関連においてのみブルーノの哲学と関係するにすぎません。『像、記号および理念の構成』の他に、形而上学的に研ぎ澄まされたブルーノの著作は、『最大者と最小者について』(De maximo et minimo) といいます。さらにまた『三つの最小者について』(De triplici minimo) という重要な研究があります。三つの最小者とは、また後で見るように、点と原子とモナドのことです。さらに『無限、宇宙および諸世界について』(Dell' infinito universo e mondi) という研究があります。しかし、すべての中心となる著作は、すでに述べたように、

『原因、原理、一者について』という対話です。

まだ記憶にあると思いますが、ルネサンスの哲学は、パルメニデスの一にして全《ヘン・カイ・パン》の思想をふたたび受け入れ、これを超越と対置することから始まりました。その思想は世界〔＝宇宙〕の外部には何も存在せず、ただ世界だけがあることを思念していました。一にして全なるものには生命が、私たちがみずからの内にもつのと同じ生命が、脈を打って流れています。嵐は私たち自身の息であり、川は血管、岩は骨、脳は雲、空、天空です。ここから此岸への深い内在が現れて、灌木、月、谷、石が兄弟として認識されます。

こうした深い親近感は、すでに早くから現れていました。たとえば、アッシジのフランチェスコの歌において、思いがけない一語が太陽を名指し、月と風を兄弟として、地球を姉妹として認識する場合がそうです。その際、ルネサンスの哲学者たちにとっては、兄弟、姉妹であるために、もはや共通の父親〔＝創造主〕を必要としません。創造主と被造物との関係は、純粋に語と語源の上での関係にとどまり、感情的なものに後退します。つまり、被造物の方が創造主よりも重要になるのです。

この新しい世界感情は太陽中心説に力点を置き、太陽は原光を放射する存在になりました。ブルーノが時代と共有したものは、ある新しい世界感情の興奮であり、親近感であり、陶酔であり、また青春期の躍動でした。とはいえ、彼の場合、新しい世界感情は、まだ一度も存在したことのない無限宇宙の恋愛歌となります。ブルーノの哲学はひとつの信仰告白、此岸に対する新しい信仰告白であって、中世の、したがってまた古代後期の、長く続いた彼岸信仰に取って代わるものなのです。彼の哲学においては、キリスト教など存在しなかったかのように思われます。それゆえ、キリスト教との論争すらありません。しかしまた、彼の哲学においては、古代後期の異教的な世界逃避も存在しなかったかのように思われます。ルネサンスに相応する生活感情の面では、彼の哲学はむしろ、イオニアとシチリア島のソクラテス以前の哲学と結びついています。その点は、かつての大ギリシャで生まれたノラ人ブルーノも自覚していました。なぜなら、彼はソクラテス以前の哲学者たちを兄弟と呼び、同一の真理の推定上の証人として、彼らを賞賛しているからです。

認識との関連

ブルーノはさしあたって知覚に、したがって感覚に与えられる世界に絶大の信頼を置きます。しかし、世界の金色の剰余を愛するにもかかわらず、〔世界を〕見て洞察したいという抑えがたい願望のために、ブルーノはふたたび知覚の狭さと偏狭さを、とりわけ個人で知覚する場合、その有限性を自覚します。

よく知っているものを実際に見る場合、たとえそれが〔認識の〕出発点となるにしても、視野はやはり狭すぎます。それゆえ、実際に見るだけでは、直接に見たものの内容のすべてを汲みつくすことはできません。まして聞いたり見たりしないこと、触ったり味わったりしないこと、心で感じないことについてはいうまでもありません。

そこでブルーノは、このような幅広い知覚を問題にする場合、個人の感覚の独居房からふたたび脱けだして、たとえば次のようにいいます。

卑俗な賤民のように、私たちによく知られたもの以外には、どんな被造物も、どんな感覚も、どんな分別も存在しないかのように考えるとしたら、まったく馬鹿げた話である。

さらにまた、

私たちがこれまで知っている惑星以外に惑星は存在しないと信じることは、たったいま小さな窓から外を見て、飛び去る姿を見た鳥以外に鳥は空を飛んでいないと考えることよりも、理性的とはいえないだろう。

つまり、私たちの認識はひとつの断片にすぎず、私たちが直接に見るものの中には、光の反射があるにすぎません。感覚的な知覚は、私たちが見ないものについては、もう長いこと何の情報も与えてくれません。したがって、もっと幅広い報告が必要とされます。この報告は思考に関わるものです。つまり、感覚によって聞かれ、見られ、触れられ、味わわれ、嗅がれたものを証人として尋問するために、思考が必要とされるのです。

感覚されたものは、感覚の門を通って侵入する過程で、その由来とそれが明かす内容を証言しなければなりません。それどころか、感覚が伝えるものを明確にするためには、思考の他に像や類推も必要とされます。事実またブルーノは、この種の像をたくさん利用しています。彼はこの種の感覚的な思考法をより細かく訓練しましたが、仕上げることはしませんでした。

最小者 - 最大者

ブルーノの学説の第二の点、最小者と最大者の問題は、もっとよく考え抜かれています。これらの概念は後世に影響を及ぼしましたが、ジョルダーノ・ブルーノの名前を聞いて、これらの概念をすぐに思い浮かべる人は少ないでしょう。この問題の熟考の成果は、『最大者と最小者について』という著作に、さらには『三つの最小者について』という著作にまとめられています。

ブルーノはここで、とりわけある抑えがたい自立の願望に、イタリア社会に出現した個人的な経済様式の反映に、魂を吹き込みました。さもなければ、特殊なもの、個々のものは、極端な普遍的汎神論の中で、すぐに色あせていたでしょう。しかし、事実はまったくそうではありませんでした。個々のもの、特殊なものが、最小者が強調されました。しかも、とても大きく無限なもの、最大者と区別して、さらにそれと比較し、統一して強調されたのです。

こうして最小者が問題となりますが、最小者は特定の生命の胚であり、つねに最小の細部に至るまで、個々の特徴を備えた生命の形象です。一匹の小さな蠅、一羽の鳥の羽毛、すべての石、それどころか稲妻のように一瞬だけひらめく個体が、最も微細な細部に至るまで詳細に述べられます。万物が細部にわたって徹底的に詳しく規定されるのです。事物の中ではゼラチンが大きな例外ですが、たいていは細部がみずからを主張して、此岸のために評価を高めるといえるでしょう。その結果、ブルーノの最小者に関する試論は、これほど特殊なものの諸要素にも当てはまることになります。

彼は三種類の最小者を挙げます。それは数学的には点であり、物理学的－自然学的には原子《アトム》であり、形而上学的にはモナドです。形而上学的な規定としては、モナドはここで初めて現れます。モナドは後には文字どおりの形で、また内容的にもかなり一致して、ライプニッツによって取り上げられました。

まず点についてですが、点はみずから運動して一本の線になり、線はまたひとつの平面になります。そしてまた、原子はみずから運動して、仲間とともに物体を形づくります。その結果、原子は万物の生命の点としてのモナドに結びつけられます。では逆に、有限なものが無限に多くあるにもかかわらず、最大者は、無限なものは、どのようにして可能なのでしょうか。それは他でもありません。この限りない無限に多くの有限なものが、ブルーノにとって弁証法的な移行地点になるのです。なぜなら、彼の教えによれば、無限なものだけが個々のものを措定することができ、またそれを必然的に所有するからです。最大者そのものは、この無限なものの、汲めどもつきぬ剰余に他なりません。剰余は同じものとしては反復せず、定まった型ももたず、ただ個々の素質、個々の形態から成る世界に現れます。それゆえ、後にライブニッツがいったように、世界内の二つの事物は、互いに同じものではありえないのです。

普遍的なものの創造力と富はこれほど大きいのですが、それが措定するのは普遍的なものではなくて、いつも互いに異なるもの、特殊なものなのです。とはいえ、それはすべての個々のものの中に、普遍的なものの全本質を置き入れます。したがって、ブルーノによれば、無限に普遍的なものは、有限で特殊なものの源泉に他なりません。さもなければ、それはたぶん無限に普遍的なものとはいえないでしょう。

それでは最小者に対立するもの、統一的な結合体、ブルーノが「最大者」(Maximum)と名づけるものについて、もっと詳しく見ることにしましょう。

最大者は宇宙であり、空間的な包括者であり、無限な物質の全体《トートゥム》もしくは総体です。それは個々の最小者の無限性として現れるだけでなく、最小者の生衝動の統一性としても現れます。それはある統一的な拍子と脈拍として、個々のものを通りぬけてゆきます。それゆえ、多くの個々のものが、宇宙的な全体の一にして全《ヘン・カイ・パン》から離れ、一方はこちらへ、他方はあちらへ向かうとしても、互いに不調和におちいることはありません。ファウストの独白のスタイルで、世界を脈打つ生命の連関として眺めるためには、しかも最大者による究極的な調和を信頼して眺めるためには、ルネサンスが必要です。つまり、宇宙的になった、宇宙的‐神秘的なオプティミズムが必要なのです。

ジョルダーノ・ブルーノは、ここではもちろん、彼が尊敬してやまない中世後期のニコラウス・クサーヌスの幾何学的な思弁も取り入れています。彼がクサーヌスから受け継いだのは、無限の天球としての最大者は、この一つの無限の円が至る所に中心点をもつのと同様に、至る所に全体を、一者をもつという主張でした。この主張に従えば、全体も宇宙も至る所に現れます。クサーヌスは

《偏在する万物》(omnia ubique) について、このように教えていたのです。似たような主張は、マイスター・エックハルトの場合にも、またアラヌス・アブ・インスリス――つまり、無限なものと偏在する中心点に関する思弁について、幾何学的‐神秘的に詳しく述べた、あの十二世紀の思想家の場合にもすでに見受けられました。

この点に関しては、ブルーノも『三つの最小者について』という著作で、すべての最小者における最大者‐全体の究極の偏在と、その逆を明らかにしています。

宇宙においては、有限なものと無限なもの、最大者と最小者は区別されない。このことを古代の人々は、神々の父について語ることによって、つまり「神々の父は本質的には宇宙のすべての点に座をもつ」と語ることによって表現している。

同様にして、ブルーノはふたたびニコラウス・クサーヌスの術語[*](対立物の一致 coincidentia oppositorum) に触れ、宇宙の無限なものにおける究極的な調和、もしくは和解の安らぎを明らかにします。ブルーノに真にふさわしいと思われるゲーテのある詩は、「そしてあらゆる衝動も、あらゆる格闘も、主なる神においては永遠の安らぎである」という句で終っています。まさに無限の天球としての全体という観点の下で、万物は互いに重なり合い、点、原子、モナドという有限なもののあらゆる衝動と格闘において、ひとつの調和が生じるのです。対立物の弁証法は、ここではもちろん有限な世界においてではなく、全体において解消されます。〔これに関しては〕すでに批判の念が呼び起こされますが、それは他ならぬオプティミズムに関するもの、ここで調停する神の無限性を譲り受けた、宇宙の無限性に依拠するオプティミズムに関するものです。その限りで〔この批判には〕最後にまた立ち入ることにしましょう。

無限性そのものは、後になってやっと概念と崇拝の対象になりました。古代の世界は形《フォルム》の世界、つまり造形、形象の世界でした。境界（Πέρας）、概念（ὅρος）、形象（μορφή）は、要するにもろもろの限定は、ギリシャ語ではまさに最高の価値概念に他なりません。形がなく無限なものはカオスであり、野蛮なものであり、また始まりつつあるものなのです。

ただアナクシマンドロスの場合にのみ、無限定なもの（ἄπειρον）という無限なものが、ある別の意味をもちましたが、その点においてはしかし、東洋的で非ギリシャ的な諸要素のきざしが現れています。いずれにせよギリシャ的な思考は、本来、形づくられ形象化された存在者の回りをめぐります。形象化されないものはたぶん存在できないでしょうが、ただカオスとしてなら存在することができます。しかし、高い所では存在することができません。最高神ゼウスとオリュンポス山は、まったく特定の境界をもった対象です。

とはいえ、東洋《オリエント》の影響の下では、決定的に変化します。聖書の神は闇の中に住もうとする暗い者であるだけでなく、また全能の不可視な者であるだけでなく、まったく無限な者でもあります。そして、新プラトン主義において現れる完全な価値転倒の中で、まさに神的なものが最高の価値概念として、したがってまた最高善として無限な者となります。その結果、有限性は否定的な柵となり、もはや造形ではなくて牢獄と化します。この忘我のごとき無限概念が、いまや十六世紀のイタリアにおいて、不可視の神から有限なものへ、したがって世界〔＝宇宙〕へ、此岸そのものへと転用されます。そして、無限に有限なものという意味において、無限な此岸というパラドックスが生まれます。とはいえ、たとえばコペルニクスの場合は別です。彼の太陽中心的な理論は、依然として天蓋を放置し、恒星は最初から恒星天に固定されたままでした。

この点もまた、天文学において急激に動き始め、ブルーノの唯一無限な宇宙の恋愛歌の中で乗り越えられます。その意味を追体験することは、おそらくまだ可能でしょう。すなわち、天蓋は引きずり下ろされ、七枚の外皮をもったタマネギ状の世界は、星々を通して地上に降りそそぐはるかな光とともに爆発します。つまり、外皮と天球の層から成る呪縛の牢獄が爆破されたように見え、神の無限性に沈潜した神秘主義者たちにおいてさえ、まだ一度も経験されなかったようなやり方で、宇宙の最大者の無限性が現れるか、現れたように見えたことでしょう。

その結果、明るい夜に星空を見上げれば、また晴れた日に青空を見上げれば、人々はいつもこの無限性と向かい合うことになります。このような〔最大者の〕無限性が、ブルーノやスピノザにおいて、結局はヘーゲルにおいてもなお、まったく汎神論の中で生じます。世界はもはや神の肉体であるばかりでなく、これまでひとえに神であったものとまったく一致するのです。

能産的自然、汎神論的唯物論

それでは第三の点、ブルーノの主要な点で、最も実り豊かな点に話を移しましょう。汎神論がどのようにして現れ、前代未聞の輝きと魅力を獲得したか、その特徴についてです。汎神論の魅力は大きく、ゲーテがスピノザについて語る場合、彼が考えている以上に、明らかにブルーノについて語っているといえるほどです。ゲーテはスピノザの実体を幾何学的に見るのではなく、世界に心酔したルネサンスの哲学者の眼で眺めます。つまり、ジョルダーノ・ブルーノの激情を通してスピノザを解釈しています。

ショーペンハウアーがいったように、いつでも汎神論は神をお払い箱にする最も丁重なやり方です。ブルーノは古代の一にして全《ヘン・カイ・パン》という汎神論的な神の内に、宇宙の神の熱、煮えたぎる能産的自然（natura naturans）の熱を持ち込みました。能産的自然とは、自然が自然化する創造的自然であり、世界を形成するもの、それによって世界がみずからを形成するものです。世界はみずからを芸術的に作り上げるみずからの主体なのです。

とはいえ、能産的自然がひとりの芸術家と呼ばれるにもかかわらず、それはジョルダーノ・ブルーノにとっては切り離された、まして超越的な人格《ペルソナ》ではなくて、自然の力そのものです。それは世界という樹木の樹液であって、アリストテレスの世界と神との関連説のように、天上から引き動かす実体ではありません。アリストテレスの学説においては、神は思考の思考（νόησις νοήσεως）として、考えること以外には何もせず、天上から世界を引き動かしました。その結果、神はみずからは動かぬまま世界の動者となり、世界は天上から引き起こされた運動の過程で、彼岸の神に向かうべきものとされました。しかし、内在的なブルーノの場合、この学説は廃棄されます。

こうしてブルーノはいよいよ、世界の始原にある彼岸という非アリストテレス的な聖書の見解、つまり唯一の創造神とその一回限りの天地創造と対決します。ここで創造神の代わりとなるのが他ならぬ能産的自然の概念であり、それは世界そのものの内で、したがって世界の存在の作用の内で、それどころかそういってよければ世界の持続的な作用自体の内で、内部的内在的に働く力なのです。

能産的自然《ナトゥーラ・ナトゥランス》という概念は、中世のアラビアの哲学者たちからブルーノに伝えられました。しかし、この概念はすでにストラトン、つまりアリストテレスの第三の後継者の内にも、さらにはストア学派の、子を受胎させる「精液のようなロゴス」(λόγος σπερματικός)の内にも潜在しています。それは世界の内で泉のように湧き出し、ゲーテの『ファウスト』において、「あらゆる作用の力と精液《ザーメン》〔=種子〕を直観せよ。もはや言葉の中を探し回るな」という表現にその反響を見いだします。

とはいえ、そのようなロゴスとしての能産的自然は、ブルーノの場合、精神的な形象と形相にまで至る世界の生命の連関でもあります。能産的自然は創造し受胎させる物質、あらゆる形相を芽のように内包する物質〔=質料〕であって、たとえばアリストテレスの場合のように、切り離された形相を外部にもつ物質ではありません。創造的な世界霊*はこのような物質の内にありますが、ブルーノの場合はもちろん、物質を導きながら形づくる者としてあります。しかしまた、この点はよく理解してほしい所ですが、世界霊はつねに物質に内在しており、ちょうど「舵手が船に属するように」、物質に内属することによって、物質という船全体を形づくりながら導くのです。

この生命がみなぎる物質は、ブルーノがいうように、「化学物質の肥だめ」ではなくて、霊魂が吹き込まれた万物の母胎であり、同時にまた、万物の生命の連関でもあります。* この点に関して、『原因、原理、一者について』という著作から、その第三番目の対話から、いくつか原書の部分を引用してみましょう。そこでは世界霊という創造的で物質〔=質料〕的な形相のテーマが、さしあたってはもちろん、なおためらいがちに扱われています。

一人の〔対話の〕参加者が、次のようにいいます。

> このノラ人は、万物に存在を与えるひとつの理性が存在すると仮定しています。それはピュタゴラス学派の人々やティマイオスが、「形相を与える者」と呼ぶものです。また、万物を形づくり形象化する形相原理としてのひとつの霊魂が存在すると仮定しています。さきほどの連中は、この原理を「形相の源泉」と呼んでいます。さらにまた、万物がそこから形づくられ形象化されるひとつの物質〔=質料〕が存在すると仮定しています。さきほどの連中は、これを「形相の容器」と呼んでいます。

この発言に対して、もう一人の参加者は、次のように答えています。

> この学説は私をとても楽しくさせます。なぜなら、不備な点がまったくないからです。実際のところ、私たちは永遠** 不変の物質原理を立てることができるのですから、必然的にその種の形相原理を立てねばならないのです。私たちは、自然のあらゆる形相が物質の中から姿を消し、

またふたたび物質の中へ入ってゆく光景を目にします。それゆえ、真に永続的で恒久不変なもの、原理が妥当するに値するものは、物質の他には何もないように思われます。

あらゆる形相は物質に即して生成消滅し、物質の母胎から生まれ出て、またふたたび物質の母胎へ引き取られます。それゆえ、つねに同一で、つねに多産でありつづける物質は、唯一の実体的な原理として、現に存在し今後も存続するものとして、認知される特別な優先権をもってしかるべきです。それに対して、あらゆる形相は、物質のさまざまな規定としてのみ認知されるべきです。形相は行ったり来たり、終ったり復活したりするので、必ずしもすべての形相が、原理の体裁をもちうるとは限りません。

それゆえ、何人かの人々は、自然における形相の比率を十分に考慮して、アリストテレスとその亜流からその比率を知りえた限りで、最後には「形相はただ物質〔＝質料〕の偶有性にすぎず、そのさまざまな規定にすぎない」と推論しました。*現実態《アクトゥス》と完成態《エンテレケイア》と見なされる優先権は物質にこそ帰属すべきであって、このような事物には帰属すべきでないと推論したのです。なぜなら、私たちが実際に事物についていえるのは、「事物は実体でも自然でもなく、実体と自然に付属するものである」、ということだからです。彼らは「物質が実体であり自然である」と主張します。彼らによれば、物質は必然的な原理、永遠で神的な原理であり、それはあのムーア人、つまり物質を「万物に内在する神」と呼ぶアヴィケブロンの場合と同様です。

さらに、**別の箇所には、次のような発言があります。

普遍的な理性は、最も内奥の、最も現実的で、最も独自な能力、つまり世界霊の潜勢力の一部です。それは一にして同一なるものとして万物を満たし、宇宙を照らして、自然に多種類の事物をあるべき姿で産み出すことを教えます。したがって、普遍的な理性が自然の事物の産出に対して有する関係は、われわれの理性が悟性の類概念の産出に対して有する関係と同じです。

ピュタゴラス学派の人々は、普遍的な理性を「宇宙の動者にして扇動者」と呼んでいます。また、詩人*はそれを次のような言葉で、「理性は〔宇宙の〕全体に横溢して、宇宙の巨体を駆り立てつつ、その体内を浸み通る」(『アエネーイス』第六巻七二六行)、と表現しています。また、プラトン主義の人々は、それを「世界の建築家」と呼んでいます。……魔術者はそれを「種子の中の最も多産な者」、あるいはまた「種をまく者」と呼んでいます。なぜなら、普遍的な理性は物質をあらゆる形相で満たし、形相が与える方法と条件で物質を形づくるからです。そして、あの豊かな驚嘆すべき秩序を――その功績が偶然に帰することも、区別して整理するすべも知らない他の原理に帰することもできない秩序を織り込むからです。……

私たちは普遍的な理性を「内部の芸術家」と呼びましょう。なぜなら、それは物質を形づくりますが、〔それを〕内部から形象化するからです。それは普遍的な理性が、種子の内部か根の内部から幹を誘い出して成長させ、幹の内部からは大枝を芽吹かせ、大枝の内部からは小枝を、また小枝の内部からは蕾を形づくるのと同様です。それはまた、ある内部の生命から、葉や花や果実を形づくって形象化し、からみ合せるのと同様です。そして、しかるべき時期が訪れれば、ふたたび内部から、葉と果実から小枝へ、小枝から大枝へ、大枝から幹へ、幹から根へ、樹液を連れもどすのと同様です。

さらに『覚醒者、あるいはノラ人のテーゼの一弁護』という著作から、ジョルダーノ・ブルーノの別の箇所を引用してみましょう。同じ主題、本来の汎神論に関わる箇所です。

ここから精神はみずからの力を自覚して、無限なものに向けて飛び立つだろう。なぜなら、精神はそれ以前はきわめて狭い牢獄に閉じ込められていたからだ。そして、わずかなすき間と小さな穴を通して、はるかかなたの星座の光に、かろうじて近視眼の視力を向けることができたからだ。おまけにその翼は、鈍い慣習的な信仰というメスで、ある程度切り取られていた。この信仰はわれわれと嫉妬深い神々の間に濃い霧をたち込めさせ、それどころか、鋼鉄製とうぬぼれたみずからの想像力で、厚い雲を湧き立たせていたのだった。

しかし、死すべき運命という、運命の怒りという、鉛のごとき〔=重苦しい〕判決というこの恐るべき想念から、また一連のおぞましい記憶と偏愛に満ちた想像から解き放たれて、精神はいまや天空に向けて飛び立ち、かくも偉大で数限りのない諸世界の、無限な宇宙の形成物の谷間をただよい、星々のもとを訪れて、宇宙の想像上の境界を飛び越えるのだ。

哲学者と数学者の盲目的な妄想が作り上げたあの第八の*、第九の、第十の、そしてその他の天球層の壁はいまや消え去った。感性と理性に導かれた研究の助けを借りて、盲目な者たちを眺めやりながら真理の錠が開かれる。物いわぬ者たちの口が開き、これまで知的発達に障害のあった者たちが新しい力を獲得して、太陽や月やそれ以外の〈宇宙という父の家〉の中のさまざまな住まいを訪れる。われわれが住むこの世界と似たような住まいを、無限の階梯においてはより小さくより悪くもあれば、またより大きくより良くもある住まいを訪れるのだ。

こうして、われわれは神性とこの母なる自然——その母胎でわれわれを産み育て、われわれをふたたび迎え入れてくれる自然についての、より妥当な見解へ到達する。そして、「ある種の肉体は霊魂なしでも存在する」とか、まして多くの者たちがいう「物質は化学物質の肥だめ以外の何ものでもない」といった嘘を、われわれはもはや信じることはないだろう。

それゆえ、世界の物質がこのように、ただこのように肯定されるためには、物質は光を発しなければなりません。ブルーノは価値を低下させる唯物論、世界を機械化して、物質を死んだ物質一般と同一視する唯物論に反対して、なお汎神論的な唯物論に助勢して闘いを率います。その闘いの目的は、神学のヤコブたちが、あるイギリスの自然研究者の要請に従って、物質から奪い取った長子相続権を、ふたたび物質に設定することです。ジョルダーノ・ブルーノは、ソクラテス以前の哲学者たちのまなざしを新しい異教のまなざしとして世界へそそぎ、超越が物質から奪い取った長子相続権を超越から奪い返すことによって、人々が「灰色」と呼び、また「無骨」、「鈍重」、「死物」、「退屈」と呼ぶ哀れな物質を救い出すのです。

非常に異なったやり方で、フォイエルバッハも同じ相続権を狙いました。彼は人間の心の願望に由来する天国の超越的な富を、ふたたび人間のもとに取り帰そうとしました。確かにブルーノの物質もまた、若きマルクスが『聖家族』の中でいったように、「物質は詩的で感覚的な輝きをもって、人間全体にほほえみかけている」、という言葉で表現することができます。

ルネサンスの物質に対する関係は、このようなものです。無限は物質の相続分であり、時間的にも空間的にも能産的自然であると同時に、所産的自然として一なるものです。とはいえ、この点もゆきつく所は汎神論で、物質の始原を求めようとする渇望もなければ、まして光を発する宇宙の終末にまなざしが向けられることもありません。そこにはきわめて力強い世界への信仰がありますが、この信仰はもちろん、〔世界を〕変革することのできる人間からはまなざしをそらし、その内容の全体が完成済みであるのと同様に、この上なく静態的で立ち止まったままなのです。

ブルーノの汎神論の限界

それとともに、太陽がこんなに無限に光り輝くことによって、人間に備わる何かが弱められはしなかったでしょうか。私たちはポンポナッツィのことを思い出します。彼の場合もまた、〔霊魂の〕不滅の欺瞞に関する思想の背後に、比類のない歓呼の声がありました。なぜなら、彼の場合、地獄と煉獄の恐怖からの解放という政治的な使命があり、教会とペテロの鍵の権能に反抗する金梃《かなてこ》として作用したからです。

ブルーノの場合も、新しい異教の歓呼の声があります。しかも、政治的に反聖職主義とくればなおさらです。彼は禁書目録に記載されたコペルニクスの体系のために、〔閉じた〕宇宙を完全に開いてやりました。しかし、ブルーノは地球を、したがってまた十字架を、さらにはゴルゴタの丘に建てられた教会を優先する思想を、誤ったものにしようとしたばかりか、私たちの感覚の片隅へ、さらには太陽が幾千もの光をそそぐ宇宙の片隅へ追いやってしまいました。

その結果、たんなる片隅となった地球の弱体化が、したがってまた、私たちのあらゆる問題と偉大な目的の弱体化が未解決のまま残されました。それどころか宇宙そのものの空虚が、宇宙的な尺度における故郷喪失が現れました。この巨大な客体の内には人間の主体との相関物がなく、霊魂の道徳性（moralitas animae）に類するものがありません。その代りに〔客体と主体との間に〕新しいアーチをかけて、宇宙をまったく異なった動態的な次元にすえることが重要です。そのためには、問いとしての人間と答えとしての世界が、逆にまた、問いとしての世界と答えとしての人間が、主体と客体の共振が、マルクスのいう人間の自然化と自然の人間化が手段として必要です。

マルクスによれば、いわばプトレマイオスの汎神論の、そればかりかすべての汎神論の退却と対象喪失の後に、必ずしもニヒリズムが訪れるとは限りません。むしろ人間が活動的な媒介者として現れます。人間は現実に仕事が可能な鍛冶職人[*]として、地上での自分の幸運と一連の社会的かつ文化的な目的を、現実の能産的、超能産的な自然を媒介としてみずからの手でつかむのです。なぜなら、この両者、つまり人間と世界はまだ完結しておらず、互いに新たな、それどころか唯一実質的な同盟をむすぶ具体的な可能性の内にあるからです。

英雄的熱狂

ジョルダーノ・ブルーノが、ある著作にささげた心の興奮を、つまり彼の汎神論の興奮を、さらに吟味してみましょう。彼はその興奮を「英雄的熱狂」(eroico furore) あるいは「熱狂の徳」と呼んでいます。

この熱狂は個々の報酬が約束されていないことによってのみ英雄的です。それは、教会の約束の後で天が待つキリスト教の徳に、報酬が約束されていないのと同様です。というよりもむしろ、英雄的熱狂は自分より他に何ももたないからこそ英雄的なのです。さらに、もちろんこの熱狂は、世界に通じた賢者の熱狂を、つまり多くの個々の些細なものと、同時にまた多くの未完成なものに抗して宇宙に現れる賢者の熱狂をもつことになります。

一匹の蠅でさえ私たちから太陽をさえぎることができます。まして眼の前の手のひらであれば、星空の全体を覆うことができます。英雄的熱狂を十分に分かち合うことのできる者にとっては、このように卑近でみじめな一時的な偶然性など、視界から消え失せねばなりません。したがって、英雄的熱狂は最後には宇宙的熱狂として現れ、ブルーノの倫理学において美的な観点から賞賛されます。なぜなら、英雄的熱狂は無限な芸術作品としての世界と結婚するからです。

この種の熱狂は後にも残響を及ぼし、イギリスの哲学者シャフツベリーにおいて通俗化します。彼は一七〇〇年頃に「熱狂」という語を、すでに述べた美的な意味で受容しました。その結果、熱狂は世界の美の中で精神化した、世界を啓蒙するオプティミズムの中で響き渡ります。ブルーノの熱狂は、シャフツベリーを越えて、若きシラーにまで達しています。彼の哲学書簡、つまりユリウスとラファエルの往復書簡においては、ほぼ一字一句ブルーノの要素を感じながら再会することができます。

とはいえ、さらに二つの詩によって、ブルーノにみずからを語らせましょう。これらの詩は英雄的熱狂に満ちていて、この思想家の多面性と宇宙的な恋愛歌に出会うことができます。まるでゲーテの、そしてヘルダーリンの牧羊神が、現にすでに居合わせているかのように、すべての最小者の内に潜む新しい最大者の自然賛美を先取りすることができるのです。

「ノラの人ジョルダーノから宇宙の諸原理に寄す」

冥府の川の境界の　波打つ野原で佇《たたず》む巨人よ
飛び立て！　私が逃れゆく星辰界へ向けて！
遊星たちよ、私もまた　軌道に歩み入るさまを眺めよ
私のために軌道を広々と開けて、かの者の仲間となれ。
私が虚空を過ぎゆくならば、私に慈《いつく》しみを与えよ、
眠りの二重の門が　広く開くように。

時が嫉妬深く厚いヴェールで覆い隠したものを
漆黒の闇から歓喜の光の側に　取り出そうとかまうまい！
か弱い心よ、崇高な仕事をやり遂げることをためらうのか
おまえが施し物を差し出す時が　品位を汚すがゆえに。
オリュンポスの山よ、押し寄せる影が陸地を覆うとも
天に向けて　頭《こうべ》を高く持ち上げよ！

二番目の詩は、次のような詩です。

「みずからの精神に寄す」

山よ、おまえは大地と深く一体となり　根を張って休らう
しかし、おまえの頂は　星辰に向かって聳《そび》える。
精神よ、おまえと同類の　冥府の王とゼウスから
おまえを引き離す境界が　宇宙の高所からおまえに警告する、
権利を忘れるな、怠惰に低所に居すわり　悩み苦しんで
大地から冥府の川に身を沈めるなと。
否、むしろ高く天を目指せ！　そこで故郷を探し求めよ！

神がおまえに触れれば、おまえは灼熱の炎と化すがゆえに。

世界がこんなにも熱狂的であるとすれば、最後にはもちろん、ブルーノに別れを告げることになります。世界は熱狂的ではありませんし、諸関係はそうではありません。

しかし、ブルーノが奏でる存在の音楽の内で、願望文、希求法は後に残ります。いわば希求するオプティミスティックな世界観が、その喪章にもかかわらず、さもなければそれゆえにこそ、最大の課題のひとつとして希求法を通じて存続し、解決を迫るかもしれません。それは超能産的、超所産的自然の現実問題に関連して、自然化する対象を拡張してゆきます。両者は愛らしいというよりも、自然という眼の前の予象*の内になお、無数のイメージとともに、表現されたままなのです。

四　トンマーゾ・カンパネッラ

頑固一徹の人トンマーゾ・カンパネッラ（一五六八―一六三九）に話題を移せば、時代と世界像が変化します。彼はカラブリアで、ということはつまり、ブルーノの生地とそれほど遠くない所で生まれました。南イタリアがスペインの影響下に入って百年後のことです。カンパネッラはブルーノと同じくドミニコ会の修道士でした。もちろん政治に非常に関心をもち、早くから世界改良者として現れ、そのためにスペインの統治に謀反を企てた嫌疑で監獄に入れられ、生涯のうちの二十七年間をそこで過ごし、七回も拷問にかけられました。教皇がスペイン王室にとりなすことによって、彼の拘留期間はやっと少し短縮されました。

その後、カンパネッラはついに釈放されると知ると、自分の著書『事物の感覚と魔術について』（De sensu rerum et magia）をリシュリューに献呈してパリに向かいました。有名な『太陽の国家』（Civitas solis 一六二三年）もフランスの宮廷と関係しています。カンパネッラは若き王太子、後のルイ十四世に太陽の国家の真の国王を見て、彼に挨拶を送ろうとしたのです。ついでにいえば、ルイ十四世が卑屈な歴史家たちから得た称号、今日までよく知られた「太陽王」（le roi soleil）という称号は、この著書に由来しています。

しかし、それまでの間、カンパネッラがなぜ監獄に入れられていたのか、今日に至るまではっきりしていません。そこには非常に多くの不可解なことがあります。訴状には、彼がスペインの統治に謀反を企てたと、再度述べられています。しかも、トルコに援助を求めたというのです。諸侯が犯した場合を除けば、当時トルコに援助を求めることはとくに重罪でした。両方とも疑わしいことです。スペイン人たちが二十七年間も投獄した当の人物が、すでに前もって、また拘留中にも、スペインの世界支配をまさに弁護したかもしれぬ思想に従事していたことを考えれば、告訴はほとんど謎めいた印象を与えます。

カンパネッラは『スペイン王国』（De monarchia hispanica 一六二五年）という著作を、つまり当時広まりつつあった中央集権国家の弁護論を執筆しました。小国が乱立していたドイツと異なり、中央集権化はフランスとイギリスにおいて、君主と市民階級が政治的‐経済的に同盟を結ぶことによってしだいに実現されてゆきました。スペインには確かに市民階級は存在しませんでした。しかし、中央集権国家の理念、普遍的君主制の理念は、工場制手工業の時代とその閉鎖的な統一経済への傾向とともに成立し、〔経済的な〕土台が欠けているにもかかわらず、スペインでは政治的上部構造として広がりました。『スペイン王国』という著作は、三十年戦争の初めにドイツにも入って来て、人々を驚かせました。

すべての自由が消滅した〔別の〕ある暗い著作は、完全にアルバ*の支配様式を反映しています。個人や身分や上流階級の特権は、また貧困階級のわずかな権利も、完全に厳格に秩序化された世界で厳しく制限されます。そこでは鉄の秩序が賛美され、秩序の残虐な行為が擁護されます。その結果、とりわけ歴史家マイネッケに代表される「カンパネッラはひとをぺてんにかけた」とする推測が浮かびました。カンパネッラはみずからのユートピア、つまり太陽の国家を実現するためにスペイン人やフランス人を利用して、つまりはムーア人**が義務を果たしたら帰らせて、結局は裏切るつもりであった。たぶんそれは現実の全世界の支配者である教皇のためであった。いやそれどころか、これには迂遠な背景があって、カンパネッラ自身が政治的な救世主、つまり《形而上学者》

(Metaphysicus) であることを、したがってまた、世界中に光を発することを天職とする形而上学的な太陽神であることを願ったのだろうと。

確かに社会的なユートピア主義者たちは、何度か妄想症《パラノイア》の痕跡を見せて来ました。世界改良と誇大妄想は、一度ならず手を組んで来たのです。その場合、カンパネッラの演技は、ラサールがビスマルクと演じようとした演技に少し似ていたかもしれません。「誰が誰をだますのか」は、依然として疑問のままです。これらすべては曖昧ですが、カンパネッラの著作の中では、君主制は普遍君主制として描かれています。もちろん、教皇は上位に置かれますが、スペインの世界支配という意味と形式の上でのことです。

ひょっとしたら、逮捕にはもっと別の理由があったのかもしれません。カンパネッラは先鋭な反アリストテレス主義者でした。そのために、彼は修道会の主要な哲学者トマス・アクィナスとも敵対しました。彼はある術語とモティーフを支持しました。それは異端審問が最も激しかった時代に、思想家にとって明らかに危険なはずのモティーフで、トマス・アクィナスをほとんど顧みず、まさにブルーノに近い立場に立つモティーフでした。つまり、自然の書物 (liber naturae) というモティーフです。

このモティーフに従えば、二冊の神聖な書物が存在します。書物の中の書物である聖書の他に、自然の書物も存在するのです。おそらく自然という書物は聖書の知識がなくても読むことができ、聖書と同じように神の啓示を経験することができます。この二つの書物はそれほどわずかしか矛盾しないのです。それゆえ、どんなに専制的‐独裁的な教皇権を弁護したとしても、この思想は投獄の理由を与えたかもしれません。事の次第は私たちにはわかりませんが、この思想はその根本的な嫌疑のために異端審問のきっかけを与え、カンパネッラの運命を決定づけたのでしょう。

カンパネッラは思いがけず亡命したパリの地で、追っ手を逃れたまま亡くなりました。彼の主著には、まず四巻から成る『実践哲学』(Philosophia realis 一六二三年)があります。『太陽の国家』はその第三巻の補遺です。さらに『普遍哲学全三巻』(Universalis philosophiae partes tres 一六三八年)があります。

認識の端緒——自己確実性

カンパネッラの学説の出発点そのものは、さしあたりなお主観的なものです。彼の思考は外部から、あるいはまた内部から出発するというよりも、市民階級的なやり方で個人の自我から、自我が自己の内部に見いだすものから、したがって自己の経験から、自己の確実性から、自己の存在の確実性から出発します。この確実性が端緒であり、他のすべてのより弱い確実性の源泉です。それらの確実性は、発生的には自己の確実性を源泉としますが、もちろんそこから〔論理的に〕導き出すことはできません。

デカルトの主観的な出発点は、外見上はカンパネッラのそれに似ています。デカルトは「我思う、ゆえに我あり」、あるいは完全な形では「私はすべてのものを疑うことができる。しかし、私が疑っていることを疑うことはできない」(dubito, cogito ergo sum)という事実から出発しました。

私の思考はすべてのものを疑うことができます。しかし、〔私が〕思考していることを疑うことはできません。

それゆえ、デカルトは「我思う」が第一の確実性であり、意識の第一の基本的な真理であると結論づけます。ガリレイが運動をその最も単純な運動量から、そして微分法の発明後は微分的なものから理解したように、デカルトは意識の世界をコギトという、この最も単純な要素から理解し、方法論的にはその後の認識の、より確実な進展をこの要素から基礎づけます。コギトをけっして心理的なものとは考えず、厳密に思想的なものとしてとらえます。

これに対して、カンパネッラは別です。彼にとっては、自己確実性は純粋に心理的なものであり、いわば*「ああ、そうだったのか」という体験（Aha-Erlebnis）をともなう確実性であって、事柄そのものから推論する確実性ではありません。つまりそれは、数学の展開のようには構築されません。カンパネッラは数学的な明証にではなくて、ある心理的な、体験のような明証に向かいます。〔その点では〕キリスト教がその発見を可能にした内面性の発見者アウグスティヌスに似ています。

それゆえ、カンパネッラはアウグスティヌスに後もどりすることの方が多く、ごく間接的にのみデカルトを先取りするにすぎません。それにもかかわらず、彼の端緒は断固たる主観的な態度において、まったく市民階級的であり、自我とその力、およびその精神状態によって満たされているのです。

能力、知識、意志、有限性、無

さて、私が自分の内部に見いだす本質的なものは、有限で制限されています。しかも、三つの活動と基本的な特徴、能力・知識・意志によって有限なやり方で制限されています。この三組のものをよく心に留めておいて下さい。これはカンパネッラの全著作を通じて現れます。

能力は力と、知識は知と同じものであり、意志は知を通りぬけたものとして愛と同じものです。したがって、この三つの基本的な特徴、基本的な徳は、力・知・愛です。もちろんその際、力がそのままで徳でありうるかどうかが、問われなくてはなりません。

私たちは世界の万物と同様に有限な存在であるため、〔三つの〕徳にはいつも否定的なものが立ちはだかります。力には無力が、知には無知が、愛には憎悪が立ちはだかります。しかも、無力・無知・憎悪は対立するだけではなくて、いつも私たちの有限な能力・知識・意志と、したがって私たちの力・知・愛と混ざり合っています。有限性はもちろん必然的な運命ではありませんが、私たちの能力・知識・意志が、時間的空間的にみずから有限なものに向かう限りで、必然的な運命といえます。これに対して、私たちが力・知・愛によって無限に本質的なものに突き進むならば、無力・無知・憎悪は弱まります。したがって、この無限なものはもっぱら人間の有限性に由来し、無力・無知・憎悪は非存在（Non-Ens）であるか、さもなければ無（Nihil）であり、私たちの内部にあって制限を加えるものなのです。

この否定的な力は、キリスト教では悪魔的なものとして、いつも「否《ナイン》」という精神として、また敵対的なものという意味での矛盾として知られています。この敵対的なものは、神話上のカテゴリーでは、同様に「悪魔」という名をもっています。キリスト教に少なからず影響を与えたペルシャのマニ教においては、否定的なものは闇の神アフリマンつまり奇形と疫病《ペスト》の神、悪の神であって、光の神オフルマズドつまり恵みと豊穣の神の敵対者です。

カンパネッラの場合、このような神話的な悪は、まさに本質的な力である能力・知識・意志の中に、これら存在の《基本原理》の中に、「悪魔」という言葉を発することなく入って来ます。それは純粋に哲学的な概念を用いて、まさに「無《ニヒル》」と呼ばれます。ギリシャ哲学においても、無は確かに空虚、開口部として、プラトンの場合にはカオスとして、またアリストテレスの場合には妨害を働く副次的な原因として現れます。それらの原因は、たとえば奇形児や失敗した人生の場合のように、ある完成態《エンテレケイア》、ある本質が、純粋には発達しないように作用します。それゆえ、この阻むもの、妨害を働くもの、これらすべてのものは、すでに古代にも現れますが、カンパネッラが無を心に刻み込んだほどの鋭さはもち合わせませんでした。

確かに中世においても、無は敵対者として神話的な形で力強く現れます。しかし、彼岸の世界が至る所でそれを無害なものにし、帳消しにしてしまいます。やっと中世の後期になって、古代後期の教父神学者テルトゥリアヌスとアウグスティヌスが想起され、無は世界創造の動かぬ構成要素になります。その際、「神は無から世界を創造した」という命題の「無から」(a nihilo) は、ただたんに「無」(nihil) を、したがって天地創造で帳消しにされる始原の「混沌」、「不毛」、「空虚」を意味するだけではありません。この〔由来を表す〕「無から」(a nihilo) は、とりわけ〔材料を表す〕

「無から」(ex nihilo) として解釈し直されます。つまり、無は万物を内包した原料となり、天地創造では帳消しにされないものとなるのです。

その場合、有限性と他性はまさに無から生じます。「他性は無から (ex nihilo) 生じる」と、他ならぬニコラウス・クサーヌスが述べています。一性 (unum) の不在はすべて、結局は無の家族に由来するのです。クサーヌスの弟子の一人カロルス・ボウィリス (一四七二―一五五三) は、彼の著作『無について』(De Nihilo) において、これについて書いています。

いまやカンパネッラの場合、完全にクサーヌス風の後期ゴシックが哲学の上で目覚めます。それはルネサンスとバロックの間の、あの過渡期の生命感に相応しており、その時代は芸術史の上で初めてマニエリスムという標識で再発見されたのでした。カンパネッラの場合、「*我アルカディアにも在り」(et in Arcadia ego) は、シラーとはまったく異なってマニエリスム風に理解され、他ならぬアルカディアのイメージの中に無が、髑髏が並存する形で、まざまざと現れます。

とはいえ、それにもかかわらず、彼の場合、ルネサンスが方向を規定して、無の脇腹に一撃が、したがって、力・知・愛に反撃するものの脇腹に一撃が加えられます。しかも男性的な徳《ヴィルトゥ》、スピノザの言葉でいえば「私たちに最も適した情動」としての有能さ、勇敢さによって一撃が加えられます。無は否定されるために、死を与えられるために存在します。そして無によって、力・知・愛は克服すべき黒い背景の前で、生き生きと眼に見えるようになるのです。

必然・運命・秩序

能力・知識・意志が力・知・愛へ転換された後には、力・知・愛は否定的なものに耐えうる超越的な性格を獲得することによって、より高次の哲学的な概念へ転換されねばなりません。こうして、力・知・愛から三つの新しいカテゴリーが、というよりもむしろ三つの新しい、より高次の、より精密な規定が生じます。つまり、必然（necessitas）・運命（fatum）・秩序（harmonia）です。

必然は〔世界を〕貫通する因果的な規定で、世界の内で力をきたえます。運命は知に相応して愛を規定し、秩序は愛から生まれます。これらの契機の内には新しいものが、第三の〔カテゴリーの〕秩序によってもたらされる最高の力・知・愛があります。私たちがおよそなお眼にするように、秩序はカンパネッラの思考の基本原理を表すものです。

これらのより高次の諸規定もまた、それら自身の内になお混ざる無によって、ふたたび試されねばなりません。必然に逆らって、また必然の内で偶然（contingentia）が作用します。そして、偶然はまさにいつも無《ニヒル》に由来します。運命には不慮の出来事（casus）が逆らいます。これは特殊な事例、特別な事例、つまりは例外です。そして、秩序《ハルモニア》には結局のところ幸運（fortuna）が逆らいます。幸運の女神はここでは豊穣の角をもつ女神ではなくて、くじを選ばずに不公平に分配する気まぐれな女神、つまり運命の車輪をもつ女神として理解され、盲目的に幸運を分配します。偶然・例外・幸運は、まさに無を家長とする同じ家族の娘たちなのです。

このように、クサーヌスの他性は、プラトンの『パルメニデス』以来の古くからの哲学の難題は、カンパネッラの場合、これまでほとんど顧みられなかった深い意味をともなって、まさにあの偶然・例外・幸運の三分法の形をとります。これは天地創造の〔「無から」の「から」を表すラテン語の前置詞の〕aあるいはdeの解釈と関係しています。それは〔出自を表す「から」ではなく〕ex nihilo〔材料を表す「から」〕と解釈され、とりわけカンパネッラの『普遍哲学第三巻』のある箇所で、次のように表現されています。

> 神は万物を無から（de nihilo）創造した。すなわち、神は万物にみずからの存在を分かちあたえ、〔万物を〕非存在（ex non-entitate）から、無から（a nihilo）組み立てたのである。

とはいえ、結局のところカンパネッラの場合、存在《エンス》もしくは太陽の原理を促進することによって、無もしくは非存在《ノーン・エンス》に打ち勝つことが重要です。世界の内で太陽の秩序を促進して不完全な無を追い払い、偶然・例外・幸運を周辺に退かせて、世界の内に潜む秩序を解き放つことが重要なのです。

自然の書物

それでは次の点、自然の生きた書物（codex vivus naturae）についての学説に行きましょう。カンパネッラはこの概念を用いた最初の人ではありませんが、この概念をふたたび強調して受け入れました。この概念はフランスで暮らしたスペイン人の医者ライムンド・フォン・ザブンデに由来します。

いまやカンパネッラは自然という書物の中に、彼の三つの基本原理を探し求め、その解読を試みます。三つの基本原理とは、無に逆らうものとして、彼が万物の中に読み解こうとした力《ポテスタース》・知《サピエンティア》・愛《アモル》です。それゆえ、〔自然の書物の〕読解術が無に、したがってまた偶然《コンティンゲンティア》・例外《カースス》・幸運《フォルトゥーナ》に立ち向かいます。しかも上から下へ、同時にまた、下から上へと、つまり世界の太陽神が力・知・愛の中でひとつになって光を発するときは上から下へ、世界がまたいわば五つの学年を、さもなければ完全性へ向けて上昇する五つの階層を含むときには、下から上へと立ち向かいます。

その第一の階層は状況の世界（mundus situalis）で、私たちがその中にいる体験現実、状況が混入して特別強く妨害される現実、一時的で偶然的、間接的で不明瞭な現実です。第二の階層は時間と身体の世界（mundus temporalis et corporalis）で、時間と場所に従って秩序づけられる体験空間、歴史と身体の座標で形づくられる空間です。第三の階層は永遠の世界（mundus sempiternus）で、空間の容器の中にある幾何学的で数学的な秩序の全体です。

第四の階層は精神の世界（mundus mentalis）で、上位のカテゴリーの論理的な世界です。カンパネッラによれば、永遠の叡智の世界で、私たちがそれに至る通路を見つければ、叡智は自身の内部をみずから照らし出してまったく明証的になるので、それを認識するためにはもはやどんな解釈も必要としません。第五の階層は原型の世界（mundus archetypus）で、最上位の原型の世界、ブルーノが拒否したものが存在する完全に典型の世界です。可能なものの全体であるか、この創造され実現された世界とは別の、無限に多くの可能な世界です。ライプニッツの可能な諸世界に関する思想はここで初めて現れるのです。

カンパネッラによれば、存在の諸段階は認識の諸段階に、いわば自然という書物の、言葉の知識の諸段階に相応します。これらすべての諸世界は下から上へ、あるいは上から下へと秩序づけられ、秩序のようなものへの、さもなければ一者そのものへの欲動によって結びつけられ、無と〔第一階層の〕状況から逃れます。なぜなら、状況〔の世界〕もまた偶然・例外・幸運に他ならないからです。

カンパネッラの場合、コペルニクスの世界は、ブルーノの場合とは異なったやり方で解釈されます。ブルーノの場合、天球層は無限に向かって四方八方へと広がりましたが、カンパネッラの場合、万物はまっすぐ上へ、太陽の中心へと向かいます。したがって、〔万物は〕太陽のようなものへ、太陽（sol）へ、最上位の存在《エンス》へ、もはや無などまったく存在しない能力・知識・意志の統一体へ向けて秩序づけられます。上の太陽へと向かう道が、ある種の空間恐怖（horror vacui）、つまり無に対する恐れをともないながら通じているのです。カンパネッラは、「惑星が自転すると同時に太陽の周りを回転するように、個々の事物もそのように振る舞わなければならない」、と述べています。

その結果、太陽という極度に支配的な秩序の原理に狙いを定める関連が生じます。このような太陽中心的な関連を、カンパネッラはいまや宗教（Religion）と呼びます。カンパネッラの教えによれば、この宗教、つまりこの関連をもつのは――なぜなら〔「宗教」のラテン語の語源〕religere は「関連」を意味するからですが、人間たちだけではありません。宇宙の万物もこの関連をもちます。もしも無によって、もしも状況によって打ち負かされず、追い散らされないならば、万物は宇宙を構成する求心的体制の頂点にある太陽を目指すのです。

万物の、したがってまた無生物の傾向的な関連に対して、「宗教」という言葉を使うのは奇妙な感じです。尖端に太陽をもつ自然教会、つまり最後に自然の書物が高揚する自然の大聖堂《カテドラル》を除けば、もはや教会なるものは存在しません。この新しい宇宙の神話においては、万人と万物が太陽中心的な体制の秩序に順応しながら、太陽に到達しようと努力します。それによって、主体の体験的な自己確実性という認識論の端緒を形成した出発点が、決定的に〔真反対の方向に〕向きを変えられることになります。

社会的秩序のユートピア――太陽の国家

このように、カンパネッラは、社会的生活さえも厳密に秩序だって思考することができます。彼の社会的な覚醒夢は、このような望ましい秩序を、すでに『太陽の国家』（Civitas solis）という表題で予告しています。ついでにいえば、この表題はアウグスティヌスのユートピア『神の国』（Civitas Dei）とはっきりと対立するものです。

社会的なユートピアについては、ここで述べる必要はないでしょう。それについては、『希望の原理』第三十六章「自由と秩序」において、すでに順を追って取り扱っています。カンパネッラも扱いましたが、もちろん彼の哲学全体の関連においてではありません。ただし、トーマス・モアの著作『国家の最善の状態または新しい島ユートピアについて』（De optimo rei publicae statu sive de nova insula Utopia 一五一六年）におけるこのひとつの市民階級的な計画立案に関しては、ここで言及しておかねばなりません。なぜなら、カンパネッラの中央集権的な国家計画に対して、リベラルな引き立て役になるからです。

十七世紀には重商主義の一連の大規模な経済体が、工場制手工業の新しい企業家的な経済様式を援助する枠組みになりました。スペインのように経済的になお後進の国では、いま述べた枠組みは、結局は中央集権化と草創期の官僚機構を手段として、まさに最強の君主制組織として厳格に政治的に形づくられます。事態のスペイン的‐政治的側面は、普遍的な君主制として推奨され、後にとりわけフランスへ広がりながら、いまや太陽の国家の外形を与えてゆきます。

カンパネッラによれば、世界は悪く、思わしくないものです。社会もまた機能していません。なぜなら、何も適所になく、何もきちんとしておらず、個々人の自由、偶然、例外があまりにも多くて、秩序があまりにもわずかだからです。それゆえ、万事が管理され、統治されて、しかるべき場所に配置されねばなりません。そこにはスペインの社会秩序の回復という以上に、確かに中世の諸要素も潜んでいます。

ジョットの絵画における偉大な秩序のことを想い起して下さい。対象はすべてしかるべき場所に、その位階に応じて正確に描かれています。また、『神曲』の秩序のことを想い起して下さい。そこでは死者はしかるべき場所へ、地獄か煉獄か天国へおもむきます。また、スコラ哲学の秩序《オルドヌング》を、もろもろの思想の建築法規《バウ・オルドヌング》のことを想い起して下さい。

カンパネッラの場合、まだそのうちの幾分かは残っています。彼の場合、秩序に組み入れて関連づける担い手は、〔尖端に太陽をもつ〕相も変わらぬ〔自然〕教会でなければなりません。この秩序はいまや細目にまで入り込みます。しかも、あの占星術的な迷信が、事もあろうにルネサンスの世界信仰の中で活性化したあの迷信が、〔秩序の〕合理主義にまぎれ込むのです。要するに、太陽の国家の基礎学問は占星術なのです。

太陽は神であり、そういってよければ、キリスト教の太陽神です。惑星は神とともに下界を支配します。私たちの生活上の諸関係が細目にわたって黄道十二宮と三十六人の司祭によって秩序づけられるように、秩序は惑星の位置に従って支配します。惑星は社会生活の最上位の摂政なのです。それは太陽の国家においては、星座の位置に従ってそのつどの時間を、それどころか性交の場所さえも決める自前の役人をもつまでに至ります。自由はまったく廃止され、出口も個人の生活もありません。カンパネッラの場合、そうしたものはありえないのです。

その結果、一方で私たちは神話的、迷信的な占星術をもち、他方で宇宙全体にまで拡張された合理的な官僚機構をもつことになります。たとえば、太陽の国家《キーウイタース・ソーリス》の首都の囲壁には、宇宙論と自然科学を教示するためのフレスコ画や、太陽、月、惑星、植物のフレスコ画が、さらにまた宇宙を描いた地理学的な描写が、したがって現実の秩序の*世界図絵《オルビス・ピクツス》が掛けられています。都市そのものもまた、官僚機構の製図板の上で、まったく合理的に計画されます。カンパネッラの場合、この関連においてまた、技術的なユートピアが現れ、これまで手つかずのままだった色々な発明が行れます。〔これよりも〕はるかに強力な形で、私たちはベーコンの『ノーヴァ・アトランティス』において、これはもっぱら技術的なユートピアで社会的には実現されないユートピアですが、この種の発明に出会うでしょう。

　とはいえ、もっと重要で、依然として重要なことは、カンパネッラの場合、万物が正しい場所にあって、天上から規定されねばならないことです。太陽の国家においては、個人も国家も、誕生から最後に下される死亡時刻に至るまで、占星術の諸関係に従って〔すでに〕決定されていなければならないし、また決定されねばならないのです。

　共同体の先頭に立つのは、モアの場合のように、穀物の穂でつくった冠を頂く男、つまり市民たちの長（primus inter pares）ではなくて、太陽《ソル》の、あるいは形而上学者の代理人です。太陽は最上位の支配者、精神の皇帝であり、存在《エンス》一般の人格をそなえた政治的教皇です。彼の下には存在の基本原理、つまり能力・知識・意志の三人の代理人が、したがってまた力・知・愛の三人の大臣がいます。それゆえ、太陽の国家の中に、私たちは力の省庁・知の省庁・秩序の省庁をもつことになります。こうして秩序が家、共同体、都市、地方、国家《レーグヌム》、帝国《イムペリウム》を、〔したがって〕普遍君主制をしだいに包摂してゆきます。同じ秩序が同心円を描きながら、しだいに普遍的かつ包括的に現れるのです。

　その結果、世俗の教皇権が大聖堂《カテドラル》の尖端に、このうず高く建築された、厳格に政治的な大聖堂の尖端にそびえます。それは冗談がまったく通じないユートピア、偶然・例外・幸運を断じて許さないユートピアです。それは背理をも恐れぬ勇気で究極まで駆り立てられた、秩序が徹底して実現されたユートピアなのです。この大聖堂風に位階に従って建てられた叡智の教会で頂点に達する未来国家の中で、万物にひとつの外形と場所が用意されますが、その秩序＝位階《オルドヌング》の他には何も存在しません。

　その統一を形づくるのは、カンパネッラの場合、受苦によって、つまり無、乱雑、妨害に対する憎悪によって研ぎ澄まされた、秩序のパトスなのです。それゆえ、カンパネッラの場合、彼岸への逃避のモティーフをともなう涙の谷*からは、統一は生じません。むしろ、涙の谷は三つの勇敢な基本原理、つまり能力・知識・意志によって止揚されねばならないのです。人間たちはここでは無に立ち向かうために存在します。そして、世界の内で輝く太陽のような存在と関連することによって、無を克服することができるのです。

　このような闘争的なものは、ブルーノの熱狂には欠けています。彼の場合、もろもろの影が一枚の絵《ビルト》の上でのように、秩序を美的に増加させるにすぎません。他方、カンパネッラの場合、ブルーノのように、無限にそそぎ出される生命の宇宙は存在しません。むしろ、より良い世界が建設されて、〔世界が〕大聖堂風に寄せ集められた自然教会に、したがって太陽神を尖端にもつ自然教会にならなければなりません。これこそがカンパネッラなのです。

五　テオフラストゥス・パラケルスス

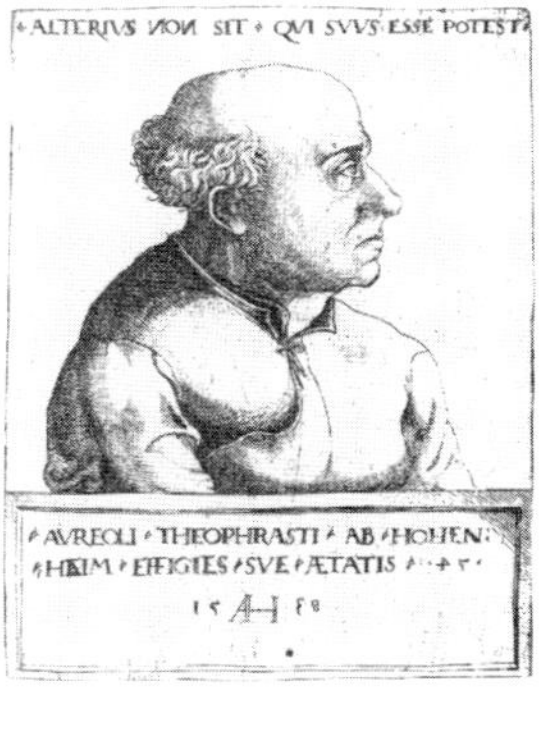

私たちはいまからドイツに向かいます。そこには湿気があり、霧があり、たくさんの雲がありま す。さらには、封建主義によって部分的に維持された大きな森があります。そこにはイタリアとは別の自然が、まさにささやきかけるような自然が広がっています。そしてもちろんドイツの月光があり、月光の下には長い夜が、家が、くつろぎがあります。復活祭の散歩の後で、ヴァーグナーはファウストに呼びかけます。

しかし、そろそろ帰ることに致しましょう。あたりはもう日が暮れました。大気が冷えて霧が流れます。夜が来ると、つくづく家の有難さが身にしみますね。

暖かで奥行きのあるゴシック様式の部屋、ヤーコプ・ベーメの靴屋の部屋は、思弁的な内面性の枠組みとなり、内部の暖かさと深い思慮のゆえに外部から背を向けます。おそらくこの両者は、ドイツの悪天候が宿らせるものです。少なくとも十六世紀にはそうです。しかし、南方には晴れ渡った永遠の太陽と紺碧の空があります。そこでは雨すらもささやかず、蒸発を防ぐために固まった南方の植物の固い葉の上でピシャピシャと音を立てます。

ドイツは長期にわたって、政治的にはなお後進の国です。そこではなお非常に多くの中世が保存され、イタリアと比べて、それどころかフランスやイギリスと比べても、まったく非同時代的*に推移します。それによってもちろんまた、生活の面でも芸術の面でも、多くのとがった切妻をもつゴシック様式が残る国ともなります。イタリアの思想風土のかたわらで育つ思想風土を理解するためには、これらの風景や気候や経済の相違、とりわけ非同時代性、広大なゴシック様式の建物のたくさんの角、たくさんの線を、すべてしっかりと心に留めておかなくてはなりません。

ここにルネサンスにふさわしい二つの名前があります。すなわち、テオフラストゥス・ボンバストゥス・パラケルスス・フォン・ホーエンハイムとヤーコプ・ベーメです。前者は遍歴する哲学者肌の医者であり、後者は靴職人で、職人としての修業を積んだ後はゲルリッツを一歩も出ず、つまりはチュートン*人の哲学者、かつて存在した最も思慮深い人たちの一人です。

パラケルススは一四九三年、スイスのアインジーデルンで生まれました。医者として、また無免許の医者として、さらには偉大なる経験論者、偉大なる山師として、各地で遍歴生活を終えた後、一五四一年ザルツブルクで亡くなりました。彼が一番長く暮らしたのはバーゼルの町です。彼は本当に風変わりなスイス人、本物のルネサンス人で、『ファウスト』の大部分は彼の形象であふれています。彼は魔術師《マグス》であり、空想家であり、自然研究者であり、経験論者であり、また天文学者でもあって、これらを引っくるめた存在が彼でした。

〔さきほど〕大まかに表現を試みたドイツの風土に加えて、非同時代的な平信徒運動に由来する秘密の宗派の伝統が、ヤーコプ・ベーメのシュレージエンでもなお生きている伝統が加わります。この伝統は十四世紀に強力な光を放ちながら、マイスター・エックハルト、ゾイゼ、タウラーらのキリスト教神秘主義として現れました。今度はしかし〔思想的に〕相通じるものが、エックハルトやタウラーやゾイゼの場合にはほとんど欠けていた自然の中に見出されるのです。

事実また、パラケルススは民衆と密接な関係をもちました。この学者肌の医者は、民衆の知識に大いに畏敬の念を感じていたのです。彼は御者たちの声に耳を傾けました。たとえば、湯気を立てる馬の処置をするときに、彼らが用いる大昔の家庭薬を重視しました。彼はまた老婆たち、つまり薬草にくわしい老婆たちの声に耳を傾けました。彼女たちは何世紀にもわたる経験から、たぶんまた経験とは別のもの、つまり自然との共存関係から、薬効のある薬草について語ることができたのです。パラケルススはまた、人間に効くかもしれない金属類の効力について研究しました。

彼はこれらすべてを受け入れたのです。大昔からの民間の知識をルネサンスのそれに取り入れたとしても、自分の名誉にかかわるとは思わなかったのです。しかも、彼が取り入れたのは、医学上の知識だけにとどまりません。民話が、大いなる自然の諸矛盾、森、土の内部、土の中で成長する金属樹、神秘に満ちた地下水を題材とする限りで、民話の知識も取り入れました。とはいえ、どんなに自然を視野に入れるとしても、パラケルススは厳密な経験論者であり、哲学の歴史におけると同様に、医学の歴史の上でも重要な役割を演じる人物でした。それどころか、哲学史の月並みな講義よりも医学史の講義において、より重要な役割を演じる人物でした。

パラケルススはまず、すべての著作をドイツ語で書きましたが、これは学問の世界では新しい出来事でした。彼は後になってやっとその一部をラテン語に翻訳しました。多くの著作は所在不明ですが、中でも『オプス・パラグラーヌム』(Opus Paragranum)、『オプス・パラミールム』(Opus Paramirum) という著作が、さらに小宇宙と大宇宙を類似関係で結びつけた偉大な著作『事物の本性について』(De natura rerum) が残されています。

内部と外部の照応

学説の出発点は、内部と外部がいつも関連することです。「内部」（Innen）という言葉は、ブルーノとカンパネッラの場合、終始一貫した言葉としては耳にしませんでした。この哲学者肌の医者は、あのイタリアの素晴らしい世界へのまなざし、此岸へのまなざしは捨てません。確かに捨てはしませんが、むしろ此岸の内側を、いわばその凹面を見て、それを強調します。しかも内部に気を取られて外部を忘れないように、また外部に気を取られて内部を忘れないように強調するのです。

内部にあるものは外部にもあり、外部にあるものは内部にもあります。同様に内部は地上と関連し、外部はとりわけ天上と、つまり宇宙のアーチを形づくる天と関連します。地上にあるものは天上にもあり、天上にあるものは地上にもあります。こうして偉大なる照応が世界〔＝宇宙〕を貫通してゆきます。世界〔＝外部〕が認識できるのは、人間を、内部を、つまり主体を、第一級の存在として、同時にまた世界の果実として把握する場合だけです。この場合、内部から外部が作り出されるわけではありませんが、内部がなければ外部を開く鍵が欠けてしまうのです。

いまやしかし、思想の向きが同じようにパラケルススによって、巨大な周囲と外部の世界に向けてひっくり返されます。なぜなら、人間という内部は、果実が種子から理解されるように、世界から理解される場合にのみ把握することができるからです。「それどころか、哲学は自然を唯一の対象とする」、とパラケルススはいっています、「哲学自体は不可視の自然以外の何ものでもなく、自然は見通しのきく哲学、可視的な哲学以外の何ものでもない」と。

病気、世界の自己治療

とはいえ、パラケルススの場合、内部〔＝人間〕が自然を認識し、自然〔＝外部〕がそこで自分自身と出会うことができるのは、鍵としての認識者が病気でない場合だけです。

もちろんここでは、病気は医学的な意味でよりも、はるかに広い意味で考えられています。病気は〔体全体が〕増殖する自己組織で覆われてはいけないこと、また個体がたんなる妄想に囚われてはいけないことを告げるものです。この医者は、哲学者としては、次のようにいっています。すなわち、「人間は自然の認識との一致を通じて健康を回復すべきであり、同時にまた、自然自体の大いなる健康の回復を通じて、自然の認識を完成すべきである」と。

まったく新しいモティーフが、医学的に考えられた世界の自己治療というモティーフが現れます。パラケルススは「哲学は良い医者の母である」といっています。パラケルススは哲学の中に治療をもち込むのです。彼によれば、良い哲学者はいつでも良い医者でなければならず、良い医者は良い哲学者でなければなりません。そして、自然という小宇宙《ミクロコスモス》－大宇宙《マクロコスモス》の内にある障害物に立ち向かわなければならないのです。

病気に関していえば、病気は治療されるために存在します。なぜなら、病気は障害物であり、良好な自然の進展から出てきたものだからです。このことから、パラケルススは、病気をまったく見事に次のように定義します。すなわち、悪化して固まった有機物として、固着した自己組織として、寄生虫のように肉体に関わるものとして、したがってまた、健康な循環〔＝自然の進展〕から離脱した部分が独立したものとして、定義します。現代の例で定義すれば、すべての病気は寄生虫のようなもの、一種の増殖する癌細胞であり、精神病理学的に見れば、人間を駆り立てる独立の心的複合体といえます。独立した寄生虫のようなもの、全体の関連から脱落したものが、結局は病気の根源となるのです。病気は反抗しますが、この反抗の中にそれ自身の経歴をもつのです。

いまや私たちの内部にある普遍的な生命の精気を強化し、その結果、病的なものを良好で健康な〔＝自然の進展の〕中央部へ連れ戻す薬が、つまり薬草と金属類が求められなければなりません。病気と罪悪との太古からの関連が、この点で維持されます。なぜなら、罪悪もまた特別な存在、ひとつの反抗、ひとつの我意、ひとつの反逆と見なされるからです。ただし、パラケルススの場合、坊主くさい所はまったくありません。なぜなら、病気の反抗は屈服させられることも、弾圧されることもなく、いわば鞭打たれることがないからです。それは悔い改めることによってではなく、逆にその願いを聞き入れることによって、つまり生命の、あふれるばかりの生命の願いを聞き入れることによって、〔自然の進展へ〕連れもどされるのです。

より完全な回復に関していえば、罪悪に対する治療薬である難行をまったく行わずに、人間はふたたび自然な状態になるのです。人間は他ならぬ治療において、病気を敵と感じてその効力を無くし、ふたたび〔自然の進展の〕中央部を開けて回復するならば、改めて本来の自然な状態になるのです。こうして、人間は健康を回復する世界の生命の営みにふたたび参加します。それは、ここでパラケルススと多くの共通点をもつゲーテが、「世界の内で健康を増進する営み」と呼んだものです。この「健康を増進する」（gesunden）という動詞は、「病気であること」（Kranksein）を前提とせずに、世界を貫流する大いなる健康増進の意味において、病気という相関概念なしに使うことができます。

　この健康増進へ参加することが治療であり、また普遍的な生命の進展へ参加することでもあります。つまり、病気はたんに障害物であるだけでなく、まだ不完全なものでもあるからこそ、治療されなければならないのです。パラケルススは、「人間は神の創造の最高の完成者であり、事物そのものを完全なものにしながら、自然の中の定められた目的へ導くことにより、そのことを実証する」、と述べています。ここにはまったく活動的なルネサンスがあります。発明する人間が自然の手助けをし、それどころか自然を高揚させながら、魔術のヴェールの中で「成れ！《*フィーアト》」と唱えるのです。

　こうして魔術や錬金術が、残念ながら占星術までもが、自然を解明することになります。自然への介入手段としては、魔術は技術を意図的に用いた最古の形態です。そして、ベーコンはこの言葉をさらに受け入れて、市民階級の黎明期の技術を「自然魔術」と呼びました。錬金術と迷信のヴェールの中で、いまや封建的‐神学的な社会では見られないもの、プロメテウス的なものが活動を始めます。この乗り越えて行くものを、私たちは『ファウスト』によって知っています。この作品の空気は、パラケルススの形象で満たされています。それどころか、この作品の中には、文字どおりプロメテウス的なものが存在します。なぜなら、人間を製造すること、つまりホムンクルス[*]を人工的に製造しようとする志向と処方箋は、パラケルススに由来するからです。私たちは魔術的な技術と魔術的な世界改良という、迷信のただ中にいる気分です。

パラケルススは人間の自然な子づくり、簡単で愛の幸福感に満たされた道を閉ざすことは思念しませんでした。彼が思念したのはむしろ、自然な子づくりではうまくゆかないこと、つまりこれまで存在したことのないような人間、燃えかすがすべて取り除かれた人間を製造することでした。神よりもうまく人間を創造したならば、医者は新しい人間を創造することを望むでしょう。

ホムンクルスの神話は、パラケルススの場合も、それにふさわしい背景をプロメテウスから受け継いでいます。これを成し遂げるためには、人間はこの上ない大胆さを必要とし、どんなに自分の創造的な理性を重視しても、重視しすぎることはありません。この創造的な理性を、パラケルススは「想像力」(Imaginatio) と呼んでいます。それはひとつのオプティミスティックな力、比較的簡単な領域で空中楼閣を建てる力です。どんな宮殿も前方へ向かう夢という意味では、また革命的なロマン主義という意味では、かつては空中楼閣だったといえるでしょう。

客観的‐実在的なファンタジー――想像力

では、想像力とは、より良い人間を、より良い世界を製造するこのユートピア的な機能とは、あるいはまた、世界がより良くなるように世界を治療するユートピア的な機能とは、どのようなものでしょうか。パラケルススは、かなり冒険をおかして、次のような表現で答えています。

人間のあらゆる想像力は（それは創造的な想像であり、同時に空想でもありますが）心臓に由来する。心臓は小宇宙《ミクロコスモス》における太陽である。そして、小宇宙の小さな太陽に由来する人間のあらゆる想像行為は、大いなる世界の太陽へ、大宇宙《マクロコスモス》の心臓へ達する。したがって、小宇宙の想像力は、物質化する一粒の種子である。

さらに、次のように述べています。

想像力は堅信を施され、本当に起こるという信仰も完成させる。なぜなら、どんな疑惑も神の被造物を打ち砕くからである。信仰は想像力を実証しなければならない。なぜなら、信仰は意志を決定するからである。

ついでにいえば、これはカンパネッラの『事物の感覚と魔術について』という著作のある箇所、すなわち「人間は行われうると信じないことについては、また行うことができると信じないことについては、何ひとつ行うことができない」、という箇所と一致しています。それゆえ、信仰が意志を決定し、確定します。これは人間の力と自然の中の隠された完成への、今までに例を見ない信頼です。

パラケルススの世界においては、万物つまり小世界と大世界、内部と外部、小宇宙と大宇宙はからみ合っています。では、大世界はオプティミスティックな想像力と、どんなつながりをもっているのでしょうか。私たちはすでに健康増進については、良好で普遍的な、まったく健康な世界の進展については、それ自体から導き出される完全な回復と一緒に取り上げました。パラケルススによれば、完全に回復可能な世界の内では、何か醱酵するものが、光に向けて突進するものが生じます。それはいわば自然そのものの中にある信仰であり、ここでもまたプロメテウス的なものが人間を待ち受けて答えを与えます。パラケルススはこのプロメテウス的なものを、とりわけ「抽出」(Herausführung) という化学的、衛生学的、道徳的、政治的なカテゴリーの奇妙な混合物によって表現しています。

力動的な化学説

パラケルススは万物の根底にまだ規定されていない第一物質*〔=質料〕を想定します。そこから三つの力動的な物質、パラケルススがメルクリウス (Mercurius)、スルフル (Sulphur)、サル (Sal) と呼ぶものが、つまり水銀、硫黄、塩が生じます。とはいえ、それらの物質は、同じ名前の経験的な物質以上のものとして理解されなくてはなりません。現存する水銀、硫黄、塩の中には、メルクリウス、スルフル、サルが隠された動因として、最高の割合で存在するにすぎません。水銀は肉体を溶かすものであり、硫黄は肉体を燃やすもの、塩は肉体を固めるものです。伝統的な四大元素、つまり水・火・空気・土は、力動的な形でこれら三つの物質に解消されます。
　パラケルススの神話的な化学の中には、もちろん非常に古い事柄が、すなわち「ロト*の妻は振り返ると、塩の柱になった」という故事が、なお残響をとどめています。それゆえ、塩は振り返るもの、道の途中で立ち止まり固まるもの、したがって保存するものです。しかし、水銀と硫黄は、他の二つの動因は、事物の変成を通じて事物の生成に作用します。これらの動因は、事物の物質代謝を導くものです。

　しかも、パラケルススの場合、「変成」(Umgestaltung) という言葉は、いつも塩や反抗や凝固や独立で過剰になったものから、有害で不当で不純な物質を分離する意味で使われます。病気の原因となるこの有害な物質は、残りの良い部分がふたたび普遍的な生命の進展に、したがって第四の力動的な物質に連れもどされるように分離されなければなりません。

　水銀《メルクリウス》、硫黄《スルフル》、塩《サル》に加えてアルケウス**が、つまり小宇宙の生命の精気か、さもなければ有機物の《支配者》が付け加わります。アルケウスは水銀《メルクリウス》と密接に関係していて、パラケルススはそれを「生命の水銀」(Mercurius vitae) と呼んでいます。それはまた同時に万物の第五元素***でもあり、大宇宙の観点からはウルカーヌスと呼ばれます。「酒精がワインのエキスを抽出するように」、とパラケルススはいっています、「万物の内にはこのエキスが眠っている」と。このエキスはまだ、他の三つのものほど力強いエキスでもなければ、力強い動因でもありません。それゆえ水銀《メルクリウス》が手助けをして、隠された実質としてのこのエキスを、すべての外皮から分離しなければなりません。

化学と錬金術は、当時はまったく密接に、しばしば区別できないほど、からまり合っていました。もちろん錬金術はもともと、ルネサンスやバロックの諸侯が宮廷に招いた詐欺師やならず者たちが行った黄金づくりよりも、より多くのことを志向していました。磁器をたまたま製造することができたマイセンの哀れな男ベトヒャー*の場合を除けば、黄金づくりは何の成果も生みませんでした。いずれにせよ錬金術はぺてんの黄金づくりとして記憶されました。

とはいえ、錬金術にはしばしば、もっと別のことも含まれていました。つまり、事物は鉛の監獄に、凝固した死せるものに閉じ込められていますが、エキスは元素の上では金として、肉体の上では輝く健康として、世界の上では生命の関連の総体として、原光によって搾り出され、抽出されなければなりません。マイスター・エックハルトは、すでに錬金術を思わせる言葉で、「すべての穀物は小麦を思念し、すべての金属は金を思念し、すべての誕生は人間を思念する」、と述べています。

それゆえ、いかさまや詐欺やおそまつな黄金づくりを除けば、錬金術は志向の上では春の促進が、金属の熟成が、したがって、現在の私たちの耳には少し叙情的に響くことが思念されていたのです。しかし、金属の熟成という大いなる仕事は、パラケルススの場合、もっと重要な全体の一部にすぎません。錬金術は普遍的な錬金術へ合流して、凝固し鉛と化した万物を助け起さねばなりません。アンゲルス・シレーシウスの『ケルビム天使風のさすらい人』の詩句「花開け、凍てついたキリストよ」と、パラケルススの「大いなる世界の五月」という言葉は、同じように錬金術的な寓意を含んでいます。化学の上でのキリストの復活が自然の中を通りぬけて行きます。そして、人間はそれを抽出して、まさに世界をエキスの中へと導くことができるのです。

解放的な力としての化学説、世界の内での大いなる眠りを燃え立たせる硫黄《スルフル》は、ある効果をまさに反映したもので、聞き逃すことのできないものです。この点に関しては、一人の驚くべき証人として、保守的な歴史家レオポルト・フォン・ランケを召喚することにしましょう。彼は次のような驚くべき証言をしています。

ミュンツァーの霊感、再洗礼派の社会主義的な試み、そしてパラケルススの学説は、互いに非常によく一致している。彼らが団結すれば、世界を変革していたかもしれない。

この文章に驚きを禁じえないのは、何よりもまず、ランケのことのほか大げさな誇張と、歴史記述の驚くべき観念論のせいです。なぜなら、ドイツ農民戦争が敗北した原因は、この霊感、試み、理念が団結しなかったためではなく、それとは別のことにあったことは確かだからです。たとえミュンツァーの霊感、再洗礼派の試み、パラケルススの理念が団結したとしても、どんな勝利も生じえなかったでしょう。

しかし、その点をのぞけば、トーマス・ミュンツァーと再洗礼派とパラケルススの間の上部構造の親近性が、この文章に書き留められていることは明らかです。パラケルススはそうした親近性に無自覚ではありませんでした。なぜなら、パラケルススは初期の、念を押していいますが、初期のルターと比較されることを誇りとしていたからです。そして、十中八九、バーゼル市民の実直さに不満をおぼえて、彼は再洗礼派との関係を維持したのです。

小宇宙 - 大宇宙のからみ合い

これらすべてのことが、世界〔=宇宙〕に対する紛れもない信仰の表れとして、再洗礼派のような特別なキリスト論もたずに、たえず小宇宙と大宇宙の照応の中へ組み込まれます。人間は小さな形をした世界であり、世界の縮約です。同様に世界は大きな形をした人間であり、人間の延長です。両者は此岸ではアルケウスの内で、彼岸ではウルカーヌスの内で、たえず交感しつつからみ合っています。ロイヒリーンによって当時ドイツで知られたカバラの学説、「大きなアダム」の学説も——つまりアダムは世界そのものであり、世界の形であるとする「アダム・カドモン」*の学説も、パラケルススの独自な小宇宙 - 大宇宙の見解に明らかに影響を及ぼしています。

その結果、世界に対する信仰にもかかわらず、それどころか最小者 - 最大者の照応の学説にもかかわらず、ここにはブルーノとの著しい違いが、いくら強調しても強調しすぎることのない違いがあります。ジョルダーノ・ブルーノの場合、人間は空間の無限性、つまり宇宙の前で色あせます。人間はまったく何ものでもなく、人間に関する事柄は前景に現れず、人間の像は作用せず、したがって人間は何の優先権ももちません。逆に人間は処理されるべき世界の仕事の一部にすぎません。そして、すべてのささいな心配事、私たちの社会に合わないいっさいのことは、宇宙全体の調和の内で解消されます。人間は宇宙の中で姿を消し、宇宙は人間の姿形をまったくもたず、人間の肉体から遠く離れているのです。

これに対して、パラケルススは、小宇宙と大宇宙を肉体と精神と霊魂に分割します。そして、大宇宙の生命力であるウルカーヌスが、他ならぬ小宇宙の生命力である多くのアルケウスを養って保証します。結局はパラケルススも〔ブルーノと〕同様に汎神論なのですが、彼の神は無限であると同時に、心理的には人間と自然の未完のプロメテウス－ウルカーヌスであり、人間の内部で、また人間を通じて、健康増進という「魔術師の仕事」（opus magnum）を成し遂げます。パラケルススはいっています。

なぜなら、自然が明るみに出すのは、それ自体では未完成なものにすぎないからである。人間がそれを完成させなければならないのだ。

六　ヤーコプ・ベーメ

それでは次にベーメに入りましょう。彼とパラケルススは密接に関係しています。ヤーコプ・ベーメは一五七五年、ゲルリッツ近郊の村アルトザイデンベルクに生まれ、一六二四年ゲルリッツで亡くなりました。一介の靴職人であり、また哲学者でもあります。どんな哲学者かといえば、イギリス人たちが名づけたように、チュートン人の哲学者です。

彼が職人としての修業中に、パラケルススの著作を読んだことは確かです。しかし、民衆の間に流布していた神秘的で思弁的な文学と風変わりな幻想から——文学史はそれについて伝えてくれませんが、彼がさらに何を自分の内に取り込み、何を秘かに改作したかはわかっていません。修業中のいわゆる平凡な職人が、居酒屋や麦わらのベッドにともる獣脂蠟燭のもとで、他の時代に遅れた人々と交わした会話は、どんなものだったのでしょうか。農民戦争や再洗礼派による宗教的な騒乱、さらにその他のたくさんのことの内、いったい何がその会話の中で話されつづけたのでしょうか。彼の後期の文献によって、私たちはそれについてある程度知ることができます。その中には、同時代の哲学においては、もはや何の役割も演じないものが、それどころか数世紀来ヨーロッパ的な教養から跡形もなく消え去ったものが含まれています。

たとえば、ベーメの場合、マニ教的なものがなお生きつづけています。マニは三世紀にふたたびゾロアスター（ツァラトゥストラ）の教義を取り上げました。つまりアフリマンとオフルマズト、闇と光の間の闘争についての、純然たる二元論的なグノーシスの教義を取り上げました。事実、マニ教の教区の人々は、カトリック教会が勝利した後も、死に絶えはしませんでした。彼らはブルガリアのボゴミル派の信者のもとで、さらには南フランス・プロヴァンス地方のカタリ派の信者のもとで生きつづけました。十二世紀のアルビ派の思想体系は彼らと関係しています。このようなマニ教的なものが、民衆によって伝承されましたが、〔当時の〕支配的な教養と哲学は、それについてはもはやどんな知識ももち合わせませんでした。勝者が歴史を記述しますが、民衆は勝者ではなかったのです。

とはいえ、ベーメの場合、民衆への希少なまなざしのひとつが、しかもベーメの眼をともなったまなざしが可能となります。ベーメは部分的にはルネサンスの異物です。なぜなら、彼の哲学は、グノーシスの中で生きつづけた思想を改作したものだからです。その種の思想は、ドイツの民衆層の非同時代的で不均等な意識の中で、以前から保存されていました。ヤーコプ・ベーメは、他方においては明らかにルネサンスのファウスト的な潮流から浮かび上がりますが、四世紀か五世紀の人間であったとしても、たぶんおかしくないでしょう。

当時の民衆の間では、途方もない圧迫について、また農民戦争後に下層階級を襲った災いについて、あれこれ思弁することが流行していました。民衆の根本的な問いは、「悪の世界では、光と闇はどうなっているのか」という問いで、この問いに対するベーメの答えが、偉大な形而上学的思弁を形づくりました。それは非常に暗い神秘主義を、しかしまた、ヘラクレイトス以来の弁証法の最も深遠な形態をともなうものでした。

この人物の場合、それはけっして偶然のことではありませんでした。彼の思弁はいつも体験だったのです。ベーメの若々しい思弁は、ときおり神秘的な特徴も示しますが、それは重要ではありません。とはいえ、ある真実の哲学的な啓示の閃光は、すでに親方のときにひらめきました。要するに、彼の哲学のすべては、この閃光の中に含まれているのです。

靴職人の仕事部屋で、ある日曜日の朝、彼は壁ぎわの棚の上にある一枚の錫の皿を見つめていました。ベーメがいうには、その皿は「愛らしい木星のような（jovialisch）輝きで」光り輝いていました。錫*は木星の支配下にあります。そこで木星（Jupiter）の属格の「木星の」（Jovis）に従って「木星のような」（jovialisch）というわけです。重要なことは、暗い錫の光を手がかりとして、「暗い底がなければ光は明るくなりえない」という思想が芽生えたことです。暗い錫の底の光は、明るいものが明るくなるためには、闇が必要なことを示唆しています。どんな事物も対立物なしには明らかにならず、否定《ナイン》なしには肯定《ヤー》はありません。それゆえ、世界は対立物から構成されます。要するに、客観的に見れば、世界は弁証法的なのです。

ベーメは混沌と統一を合わせもった最初の著作『オーロラあるいは曙光』（Aurora oder Morgenröte im Aufgang）を公刊しました。それは堂々たる著作で、天才が具象的に述べる言葉の才能を発揮して、生半可な教養から、いやそれどころか生半可な教養からすらでもなく、靴職人の飾り立てたドイツ語から、他に例を見ないやり方で光をたたき出します。しかも、最年少のギムナジウムの生徒からも失笑を買うような、ある語学上の無教養から、さらに偉大で風変りな思想が生まれます。

たとえば、ベーメは「質」（Qualität）という語を、一つのエルでつづったり二つのエルでつづったりして、「苦悩」（Qual）や「源泉」（Quellen）に結びつけます。つまり、彼は外来語を正しく読み書きすることができず、ラテン語の知識に至ってはもっとわずかです。「質」は〔二つのエルをもつ」「質」(Qualität) として、「源泉が湧き出るもの」か「苦悩が湧き出るもの」になります。「源泉」、「苦悩」、「質」の三つの概念は、同じのものと考えられます。その結果、まったく誤った無意味な語源学から、後で見るように並はずれて深遠な思想が生まれます。このように、ヤーコプ・ベーメの場合、悪しき学校教育でさえも、なお役立つに違いないものがいくつかあるのです。

当時、非常に硬直化していたルター教会の、とりわけ偏狭な部類の牧師の一人であるゲルリッツの牧師プリマリウス・リヒターが、この異端の思弁的哲学者を告発しました。そして、市当局がこの靴職人に書くことを禁じるまで、説教壇からこの男に説教しました。ヤーコプ・ベーメは七年間、市当局の処分に従いましたが、霊が彼を抑えがたく駆り立て続けると、たいていは小冊子の、残りの二十篇の著作を次々に公刊しました。その中には公開状も含まれていました。彼が敢えてそれを公にできたのは、その後シュレージエンの貴族にささやかな庇護を見いだしたからです。

とりわけ、彼の友となりパトロンとなったのは、ベーメの思想に驚いたアブラハム・フォン・フランケンベルクでした。このような交友関係から、イギリス貴族への橋渡しが生まれ、その結果、靴職人ヤーコプ・ベーメはイギリスで有名になりました。

すでに述べた『曙光』以外のきわめて重要な著作は、『魂に関する四十の質問』(Vierzig Fragen von der Seele)、『神智学の六つの要点』(Sechs theosophische Punkte)、それに『大いなる神秘』(Mysterium magnum) です。ドイツではヤーコプ・ベーメはすぐにまた忘れ去られてしまいましたが、イギリスでは、またたとえばフランスでは、その後も影響を与えつづけました。

ベーメの復活は、それ自体謎に満ちています。もちろんまた、しばしば反動的な利用もありました。彼の復活は、はるか後にフランツ・バーダーが取り上げてからです。それ以前には、シェリングがフィヒテに反論するために、ベーメを取り上げました。「多くの生来の哲学者は」、とシェリングは述べています、「この夢想家の富と思想の深さと引き換えに、彼の修辞学のすべてを放棄してもかまわないだろう」と。同様に、ヘーゲルも思弁的なベーメに深く感動しています。

この大弁証法の哲学の特徴を、まず方法論の観点から特徴づければ、「ここにはニコラウス・クサーヌスに劣らず、ヘラクレイトス以来、初めての客観的な弁証法がある」、と繰り返したいと思います。私たちはすでにそれに近いものをパラケルススに見ました。しかし、ベーメの場合、途方もないもの、不気味でさえあるものが、さらに先へと歩を進めます。彼はまったく質的な自然像を抱いています。彼の自然像は、ガリレイとニュートン以来の数学的自然科学の、最も対極に位置するものです。もっとも、ケプラーの場合、まだ自然の質的な特徴が暖かく鳴り響いていますので、必ずしも彼と対極にあるとはいえません。

もちろん、数学的自然科学に関しては、ベーメは名前すら聞いたことはありませんでした。彼の世界像は、市民階級的な近代の社会よりも、古い社会に由来しているのです。それは他でもなく、自然の質がなおイデオロギーと調和し、計算のイデオロギーとは疎遠な社会です。資本主義の社会では、商品の原価計算が、まったく量的に均衡化する世界で勝利をおさめました。これに対して、ベーメの場合、驚くほど時代遅れの衣装をまとっていても、また何重にも擬人化されていても、市民階級以前の視点が自然の源泉《クヴェレン》と質《クヴァリテート》に向けられます。自然は弁証法的な闇と光の生成として、思弁的に考察されるのです。

個々の点に立ち入る前に、ついでにヴィルヘルム・ラーベの『餓えた牧師』から、いくつか朗読してみましょう。ドイツの靴職人の妄想癖について述べたもので、他ならぬ靴職人ヤーコプ・ベー*メを念頭に置いた箇所です。

それは巷間でいうごとく、「妄想癖をもった族《やから》」である。他のどんな手仕事も、これほど並はずれた奇妙な特徴を、ギルドの組合員たちに植え付けはすまい。低い仕事机に低い腰掛け、水の入った硝子玉。硝子玉は小さな石油ランプの光を集め、いっそう明るくして投げ返す。皮とピッチの強い香りは、必ずや人間の性質に持続的な影響を及ぼすに相違あるまい。しかもまた強力な影響を。この卓越した手仕事は、何と独創的な奇人を産み出したことか！「奇妙な靴職人」のことに関してなら、われわれは一蔵書分の資料を集めて書物を著すことができよう。それでもなお、話の種が尽きることはあるまい！

空中の硝子玉を通して仕事机に落ちかかる光は、幻想的な霊たちの国である。思案しつつ仕事をしている間、光は想像力を風変わりな形象と像で満たし、特許付きであろうがなかろうが、他のどんなランプも与えることのできぬ色で思想を染める。こうして、われわれはあらゆる詩句、風変わりな童話、奇跡の物語、そして愉快でもあれば、物哀しくもあるこの世の出来事を思い付くが、こうした事どもを重々しい筆致で書き留めれば、隣人たちは怪しみ、明け方に小声で口ずさめば、家人は笑って吹き出すか恐れるであろう。さもなければ、われわれは物思いにいっそう深く沈み込み、「人生を振り返ること」から「苦悩が始まる」。

こうして、われわれは光る玉をいっそう深く覗き込み、硝子玉の中に宇宙の森羅万象を見るのである。そして、すべての天国の門を自由にくぐり抜け、満天の星と宇宙の元素ともども、天国の何たるかを知るのである。最高の予感が浮かぼうものなら、牧師プリマウス・リヒターが説教壇から貧民を扇動してわれわれに刃向かわせる間に、またわれわれを牢獄に入れる命を受けたゲルリッツの刑吏が戸口に立っている間に、われわれは書き留めることにしよう。

「なぜなら、ただ一つの意志をもつことが永遠の権利であり、永遠に持続する事実であるからだ。もしもそれが二つの意志をもつならば、一方の意志が他方の意志を打ち砕いて争いが生じるだろう。それはおそらく多様な力と奇跡の内に在るが、その生命はただたんに、そこから光と尊厳が生じる愛にだけはとどまらない。天上のあらゆる被造物はただ一つの意志をもち、意志は神の心臓へ向けられて、神の霊の中へ、多性の中心へ、成長と開花の中へと歩み入る。しかしまた、神の霊は万物の内に宿る生命であり、自然の中心が本質と尊厳と力を与え、聖霊はその導き手に他ならぬのである。」

われわれは輝く硝子玉の中に多くのものを見るが、そこを通り抜ける悪しきランプはわずかな光しかよこさず、われわれは見たものをほとんど書き留めることができない。しかし、それだけになおさら完成した原稿の下には、「いつもは『チュートン人の』とも呼ばれたヤーコプ・ベーメによって、神の啓示に従って執筆された」と署名することができよう。

そしてさらに、小説家のラーベの証言よりも、はるかに適任の証言があります。ラーベはベーメについて何のイメージも与えないような、*およそありえぬ引用をベーメから行いました。より適任の証言とは、ヤーコプ・ベーメの偉大なる後継者ヘーゲルの証言です。彼となら、ベーメはとても楽しく議論できたでしょう。ヘーゲルは『哲学史講義』において、次のように述べています。

叙述に見られる野蛮さは見間違いようもない。……しかし、同様に見間違いようもないのは、絶対的な対立物の統一とともに寝返りを打った、きわめて偉大な思想の深さである。どんなに深い思弁の欲求がこの人間の中に横たわっていたか、われわれは見間違うことはないだろう。

この評価はいまや、ベーメの本質的な思想がみずから語ることによって、明らかにされるでしょう。

内面性の書物

端緒はみずからの内面の声を聞くことです。人間は内面の声を聞くことによって、事物の声も聞くことができると信じます。みずからの内部へ沈み込む思弁は、彼にとって、また彼の場合、内部への深いまなざしと同じものになります。つまりそれは、飢えへの、不安への、至る所で駆動する欲望への、深いまなざしとなるのです。

とはいえ、ベーメの根本的な問い、つまり本当の端緒は、「闇はどのようにして世界の中へ入って来るのか」、「悪はどうやって世界の中へ入って来るのか」、という問いです。ベーメは「私たち自身が悪であり、私たちはみずからの身の回りに、ごくわずかの善しか見いださない」といっていますが、それにもかかわらず、教会は私たちに「この世界は善なる神によって創造された」と教えます。

そこで、ベーメは初期の著作の中で、この点に関しては、自分はいつも「異教的な考え」をもっていたと告白しています。つまり、ベーメの場合、ヤコブが行ったような*「神に逆らう襲撃」の中で、また「神との格闘」の中で、ある反抗的な兆しが現れるのです。彼は神を地獄の門と同一視して神の爆破を試み、それによって初めて「最内奥での神性の誕生」に立ち会おうとします。

一方、彼が思念する光は、「父の分娩」からは理解されません。光はむしろ「父のひとり子として、すべての分娩を照らす」のです。そこにはイエスが行った宗教の人間化が、父の宗教に対する批判として、ベーメの他の多くの文の場合と同様に鳴り響いています。

> 万人は自分自身の神でもあれば、自分自身の悪魔でもある。人間は苦悩に傾いて苦悩にふけり、苦悩は人間を駆り立てて彼を導き、人間は苦悩という仕事場の親方となる。

したがって、悲惨な世界の創造主に対する反抗は、確かに牧師プリマウス・リヒターを喜ばせはしませんでしたが、必ずしもベーメに疎遠なものではありません。この種の反抗的なものは、「被造物は神よりも優れている」という主題に関連して、ベーメよりもはるか以前に反抗を手にしていて、すでに長い伝統をもっています。それは人間の歴史において繰り返し現れたひとつの感情であり、ギリシャの悲劇作家がその感情を代表し、彼らの信心深い息はそのためにしばし止まりました。この感情はキリスト教においてはヨブ*の問いとして、測り知れぬものへの、さもなければ測り知れぬ神意への、従順な犠牲の代わりとして現れます。

世界の根底が純然たる善であるべきだとすれば、悪はいったいどうやって生じるのか。まさにこの問いの謎は、ベーメの場合、みずからの内部へ思弁しながら沈み込むことによってのみ解くことができます。人間の内部は重要で中心的な、より良く照らされた自然の一部であり、人間がまったく知らない他の諸部分よりも、より良く照らされています。私たちは神の似姿であり、それゆえにこそ私たちがみずからの内部へ沈み込むならば、事物そのものの始原に触れることができるのです。

私たちは深淵にある私たちの始原に触れ、途方もない記憶を呼び起しながら、事物そのものの始原に触れます。そして、始原にある未開の自然を覗き込みます。始原には、根源的な根底には、対立する二元素の交差があり、その十分な発酵と矛盾と沸騰があり、闘争と格闘があります。しかし、その際、私たちは立ち止まる必要はありません。ベーメがいうように、悟性は「牛舎の前にいる雌牛のように」、始原の神秘の前で立ち止まる必要はないのです。教養ある折衷主義者、なんら独自な意見を述べる必要のない折衷主義者に反対して、ベーメはさらに次のようにいっています。

私は、私の知識の限度内で多数の書物から初めて文字を集めるのではなく、私は私自身の内に文字をもっているのだ。なぜなら、万物が住む天と地は、さらには神自身も、人間の内部にあるからだ。人間自身に他ならぬ書物を、人間が読んではならぬということがありえようか。

これは神秘的な主観主義ですが、同時にまた冥府の道を歩みながら、内奥へ、始原へ、万物そのものの始原《アルファ》の中へ歩み入ろうとするものです。

世界内の諸対立の根源としての神の中の悪、根源的な原動力としての飢え

では、始原を自然化することにおいて、この哲学は善の他に何と出会うのでしょうか。それが出会うのは、世界が非常に悪い状態にあり、その根底は無底《ウングルント》ということです。無底は《光の聖なる力》の中にあるのではなく、力そのものの闇の部分にあります。ここでは神と自然はすぐ近くに隣り合っています。たとえば、ベーメは『曙光』の中で、次のようにいっています。

神について、神が何であるかを語ろうとすれば、自然の内にある諸力を綿密に考慮しなければならない。……ここで君はいま自然の上と外を見て、光の聖なる、勝ち誇る、神的な力を、

変らざる、聖なる三重性を見入らねばならない。それは勝ち誇り、湧き出る、動的な本質であり、あらゆる力は自然の内でと同様に、その本質の中にあるのである。

しかし、この本質に近づくためには、本質が自然の力を借りて、神の内にも存在しなければなりません。つまり、神自身の中に悪が、悪魔的なものが存在するのです。神のもう一つの顔は、悪魔的なものなのです。それは消耗性の悪魔的な本質であり、胆汁のように苦く、凝縮しつつ思い上がるもの、驚愕しつつ愕然とするものです。したがってそれは、雷雨であり、霰であり、燃え上がる火のようなものです。

とはいえ、ベーメがいうように、神の中にはまた愛らしい悪魔が存在し、境界で生きています。悪魔と神は一なる対立物として説明されます。なぜなら、悪魔が最初に神を駆り立てて、弁証法的で厄介な、世界の道を歩ませるからです。狭さと広さ、酸味と甘味、驚愕と光は、一緒に存在しなければなりません。その結果、世界の内で現れるもの自体は、現れた瞬間から否定をもつことになります。この否定的で敵対的なものがなければ、啓示や善の現象はありえないでしょう。

現象へ駆り立てるものは消耗性の我意であり、和解、他性、自立性であり、凝縮するもの、凝固するものです。そして、ここからベーメの客観的な弁証法が生まれます。たとえば、ベーメは次のように述べています。

至る所で一方が他方と対立するが、それは敵対するためというよりも、同一のものを動かして啓示するためである。

しかし、いまやみずからの内部へ歩み入るものが、他ならぬこの沈潜が、より深く穴をうがって、万物の内にある否定をえぐり出します。すなわち、世界の根底は無底をもつか、さもなければその内に否定そのものをもちます。しかも、ベーメはそれをある新しい対立によって定義し、もはや酸味と甘味、狭さと広さ、驚愕の火と光の火の対立によっては定義しません。彼はそれを、ある別の根本的なモティーフをもって、たえず新たに移り変るイメージや比喩や類推で定義します。

最も底にある否定的なものは欲望であり、とりわけ欠乏から生まれる情動的なもの、意志のようなものです。いずれにしろ、欲望は否定を土台とします。ここでは、否定的なものは、欲望の内で絶叫する欠乏として現れるのです。したがってまた、純粋な欲望という意味での、意志のようなものとして現れます。ベーメによれば、まさにそれは飢えに他なりません。飢えは否定の家族として、首尾一貫したものになります。欲望としての、また意志としての飢えは、自分の空腹を満たすために、自分以外には何ももっていません。

意志は自分自身を捜し求める。意志は飢えの性質以外には、つまり自分自身以外には何も見いださない。意志はその性質をみずからの内に取り込む。すなわち、意志はみずからの内に自分自身を取り込むのである。

それゆえ、この取り込みの中には、凝固するもの、渋いもの、凝縮するものがあり、したがって我意が、万物の収斂剤があります。万物の収斂剤とはつまり、動因の核心にあって、この上なく和解的な無底のことです。それゆえ、凝縮する渋いものは、根底では神の「成れ！」と同じものでなければなりません。根底で本質を開示する引き立て役としての飢えから、神の中の自然が生じるのです。

自然への質的なまなざし――根源霊、世界のエキス――人間

いまや純粋に質的な自然像の、きわめて豊かな描写が後につづきます。そこでは苦いもの、甘いもの、燃えるもの、光るもの、音を発するものが、機械的な自然科学ときわめて素朴に、しかしまたきわめて鋭く対立する形で、自然の生命の実在的な性質として把握されます。量的な性質をもった、たんなる圧力と衝撃、たんなる位置の変化に代わって、あふれるほどの質が効力を発揮します。その結果、たったいま述べたことの延長線上に、私たちはゲーテの色彩論の問題を、ゲーテ対ニュートン〔の問題〕を、したがって「闇と光の子としての」、「光の行為と苦悩としての色彩」〔の問題〕を見ることになります。まさにゲーテに関連するこれらの事柄は、聞き落としようもなくベーメを想起させます。

ベーメはいまや七つの根源を、このような、とっくの昔から奇異な、しかしよく考えぬかれたや

り方で特徴づけようとします。神の中の自然の、さもなければ自然の中の神の諸力は、ここでは源泉《クヴエレン》が湧き出るもの、苦悩《クヴアレン》が湧き出るもの、苦悩《クヴアール》、「質《クヴアリテート》」をひっくるめて七種類のものに区分されます。すなわち、七つの自然の諸力が、七つの力動的なものの存在形式があり、それらの諸力は世界の内を循環して世界を養い、世界はそれらの諸力から形づくられます。このように、ベーメの場合、天地創造は一度だけ起こった出来事ではなく、たえず起こる出来事として前提されます。世界がいつも新たに創造されなければ、また世界の内に何ら生産的なものがなければ、世界は没落してしまうでしょう。

*最初の力は、塩《サル》に分類される渋いもの、凝縮するものです。それから第二の力として、水銀《メルクリウス》に分類される分離するもの、苦いものが来ます。これは棘刺す不快な運動と感覚で、明らかに感覚の二重の意味が鳴り響いています。感覚とはつまり、刺激されやすく、刺激を感じやすいことであり、逆にまた感じながら、刺激に反応することでもあります。この奇妙な共鳴は、まずアナクサゴラスにおいて現れました。彼は「すべての感覚は不快な感情と結びついている」といっています。したがって、〔感覚の〕内容は快いこともありますが、感覚そのものはひとつの障害であり、不快な感情と結びついています。ベーメの第三の本質的に否定的な原動力は不安であり、硫黄を含んで燃えくすぶるもの、〔第一の〕渋いものと〔第二の、感じて〕運動するものとの闘争であり、その内になお火が眠っている硫黄《スルフル》です。

もちろんベーメの場合、これらすべての力は客観的な規定でもあって、たんに主観的で心理的な状態が思念されているわけではありません。主観的で心理的な状態は、客体の内に実在的に含まれているものを開示するにすぎません。したがって、ベーメの場合、この状態は、あくまで自然のカテゴリーでもあるのです。これら自然の現実の三つの原動力を、当時では通例の錬金術的‐化学的な表現を用いて、ベーメは「サルニテル」(Salniter) と呼んでいます。シェリングの青年時代の詩に『ハインツ・ヴィーダーポルステンのエピクロス風の信仰告白』という詩がありますが、サルニテルはそこで非常に喜ばしい仕方で復活します。

「サルニテル」という語は、「サル」(sal) と「ニトロン」(nitron) が結びついたものです。これはビザンティンの「サロニトロン」(Salonitron) に由来し、「硝石」を意味します。ビザンティンの時代以来、硝酸は金を合金から分離するための分離液として用いられました。それどころか、この語はもっと古い起源をもっています。おそらく「サルニテル」はアルカリ液の灰分を「ニトリウ」(nitriu) と呼んだ、古代バビロニアにまでさかのぼります。そこでギリシャ語におけるバビロニアからの借用語が問題となりますが、この借用語はラテン語へ引き継がれ、そこからヤーコプ・ベーメの錬金術的な靴屋のラテン語に引き継がれたのです。

彼の場合、すべてのアルカリ液状のもの、つまり渋いもの、感じて運動するもの、燃えくすぶるものという、最初の三つの原動力の全体概念がこの語から生まれます。最初の三つの原動力の内には、いつもすでに否定《ナイン》と肯定《ヤー》が同時に含まれていますが、否定の方が優勢であって、肯定は爆発するには至りません。なぜなら、肯定はあまりにも強く否定と関わりすぎて、濃密で苦いアルカリ液状の否定によって引き留められるからです。

第四の原動力において、初めて明白な転換が起こります。この根源霊*は不安の硫黄からついに燃え出す火であり、突然燃え上がるという際立った特徴をもち、稲妻において最も明白な形で現れます。それゆえ、この火は「驚愕」（Schreck あるいは Schrack）とふたたび心理的な表現で呼ばれます。それはまさにいつも自然の一規定でもあるのです。

この自然の規定はいまや二重の仕方で現れます。最初はまだ圧倒的に暗い濃密な胆汁の形で、それゆえ否定的で危険な形で、闇に燃える破壊的な火として、静かな怒りか激しい怒りの火として、したがって対立的な雷雨、暴風、火事として現れます。ベーメによれば、人間はただそれらに驚愕するだけでなく、それらを驚愕そのものとして知覚します。ふたたび心理的なカテゴリーとして「驚愕」が用いられ、自然哲学の質的なカテゴリーと、つまり驚愕の火と、まったく同一視されます。それゆえ、驚愕の火は落雷によって根源的な驚愕を呼び起こすだけでなく、まさにこの驚愕そのものでもあります。万物の根底には、この否定的な火が待ちぶせていて、機会が与えられるや否や、災害として破壊的な仕方で現れるのです。たえずつづく世界没落のリハーサルは、ベーメのまなざしの内では、すでに激しい雷雨なのです。

とはいえ、この火は同時に肯定の閃光を、ある弁証法的な転換を、それ自身の内に秘めています。なぜなら、この同じ火が、驚愕の他に、熱と光を産み出すからです。驚愕の火は、人間たちが集まる故郷のかまどの火に変わります。それは世界の内で万物を温めて照らす中心的な火、太陽というべき世界のかまどです。このかまどは、熱と、世界内の最高の喜びである光によって、春をもたらし、生命の芽を吹き出させます。――したがってそれは、第五の原動力として、火から光を分娩させ、産み出させます。その結果、世界は明るくなります。すでに述べた三つの原動力が、熱としての火

郵　便　は　が　き

おそれいりますが切手をおはりください。

101-0052

東京都千代田区神田小川町3-24

白　水　社　行

購読申込書

■ご注文の書籍はご指定の書店にお届けします．なお，直送をご希望の場合は冊数に関係なく送料300円をご負担願います．

書　　名	本体価格	部　数

★価格は税抜きです

(ふりがな)

お　名　前　　　　　　　　　　　(Tel.

ご　住　所　(〒　　　　　　　　　)

ご指定書店名（必ずご記入ください） Tel.	取 次	(この欄は小社で記入いたします)

『ルネサンスの哲学』について　(2449)

■その他小社出版物についてのご意見・ご感想をお書きください。

あなたのコメントを広告やホームページ等で紹介してもよろしいですか？
1. はい（お名前は掲載しません。紹介させていただいた方には粗品を進呈します）　2. いいえ

ご住所	〒　　　　電話（　　　　）		
(ふりがな) お名前	（　　歳） 1. 男　2. 女		
職業または 学校名		お求めの 書店名	

この本を何でお知りになりましたか？
新聞広告（朝日・毎日・読売・日経・他〈　　　　〉）
雑誌広告（雑誌名　　　　）
書評（新聞または雑誌名　　　　）　4. 出版ダイジェストを見て
店頭で見て　6. 白水社のホームページを見て　7. その他（　　　　）

お買い求めの動機は？
著者・翻訳者に関心があるので　2. タイトルに引かれて　3. 帯の文章を読んで
広告を見て　5. 装丁が良かったので　6. その他（　　　　）

出版案内ご入用の方はご希望のものに印をおつけください。
図書目録　2. 文庫クセジュ目録　3. 辞典・語学書カタログ
出版ダイジェスト《白水社の本棚》（新刊案内・隔月刊）

ご記入いただいた個人情報は、ご希望のあった目録などの送付、また今後の本作りの参考にさせていただく以外の目的で使用することはありません。なお書店を指定して書籍を注文された場合は、お名前・ご住所・お電話番号をご指定書店に連絡させていただきます。

によって、解き放たれるのです。

最初の三つの根源霊においては、肯定がほとんど見えないほど否定が優勢でしたが、これらの原動力は、否定がもはや驚愕させることができないほど、肯定が優勢な明るい根源霊です。これら三つの明るい《質《クヴァリテート》》、つまり湧出《クヴァルング》でもあれば、根源霊《クヴェルガイスト》でもあり、自然の原動力《クヴェルクラフト》でもあるものは、光と音と身体です。

それゆえ、光の後に第六の原動力として音が、ベーメによれば、いつも光に同伴する音がつづきます。ここではおそらく天球の調和《ハーモニー》が、しかしまた風変わりな、人間の通常の内界と外界の関係においては現れないような統一が鳴り響きます。この統一は『ファウスト』第二部の冒頭で、「妖精たちの耳にはもう新しい日が響きながら生まれる」とか、「光は何という轟音を立てるのか」、といった言葉で表現されています。いずれにせよ光とともに音が、さもなければ響きが、より高次の段階として、より高次の質として生まれるのです。そして、ベーメはさらにつづけて、「響きから言葉が生まれる」といっています。言葉は知らせるもの、まとめるもの、尋問を可能にするもの、その内に理性を含むものです。

こうして万物から、この六つの分娩の果実として――その際、世界過程はベーメによって激しく格闘する難産の産婦と比較されますが、第七の質つまり身体が現れます。それは私たちが眼にするとおりに形づくられた自然のすべてであり、今まで説明した根源的な質の横溢であり、天地創造と呼ばれるものです。天地創造とはつまり、自然の中心(centrum naturae)を自然の身体(corpus naturale)の中へ、自然の物質性〔=質料性〕の中へ、さらに最高の段階ではキリストの身体の中へ取り出すことです。
私たちはいま相変わらず世界の内に、人間と密接に交差した宇宙の世界の内にとどまっています――つまり、人間が問いであり世界が答えであるような、また世界が問いであり人間が答えであるような世界の内にとどまっています。ベーメの場合、大宇宙は、生命の樹に変化した世界は、パラケルススの巨人よりも大きくなります。パラケルススはすでに、人間は「自然の最高の完成者である」といっていますが、これはベーメの学説にも当てはまります。ベーメはそれに呼応して、すでに『曙光』の中で次のようにいっています。

最後の審判の時まで自然は二つの質をみずからの内に有する。つまり、愛らしい天国の聖なる質と、怒れる地獄の渇望した質を。いまやこの二つの質は自然の樹の内にあり、そして人間たちはこの樹から作られ、この世界で、この庭で、両者の間の非常に危険な場所で暮らしている。そしてある時は日射しが、またある時は雨や風や雪が、彼らに降りかかるのである。

人間は開いた眼と開いた耳であり、自然の中心《ケントゥルム・ナートゥーラエ》と自然の身体《コルプス・ナートゥーラエ》を耳で聞き、眼で見なければなりません。人間の内部には、すでに光の中で命名されたものが動いています。すなわち、分散するもの、分離するもの、多性が、怒り狂った好戦的なものが、この自然の最高の完成者の中で一緒に現れるのです。分離するもの、愛らしい悪魔が、ルチフェルつまり光をもたらす者が、光の奉仕においてまだ償わなかったものが、人間の中でふたたびやっと償われ、善の側に付かされます。人の子が、つまりキリストが、堕落したルチフェルに代わって仕事を引き継ぐのです。なぜなら、彼はただ一度だけパレスチナで生きたのではなく、彼は私たちの内部で生きており、というよりもむしろ、私たち自身がキリストに他ならないからです。キリストは、人の子は、人間の内部のキリストは、明るくなったルチフェル、誤りを正された純粋なルチフェルであり、純粋になった悪魔なのです。

それとともに、天使の堕落の正当性が、楽園のリンゴの、善と悪を知る認識の明瞭化の正当性が、そしてまたバベルの塔の正当性が証明されます。神と同等のあらゆる存在能力が、知力と創造力が、人間に与えられるのです。ここではプロメテウスの諸特徴が鳴り響いており、それはキリストにも見て取ることができます。人間はキリストにおいて、またキリストを通じて、凝固していく状況にみずから反対する、最も愛らしい否定となり、とても成長したとはいえない生命の樹の成長を阻むものに反対します。生命の樹とは、人間の願望どおりの生命の過程の樹か、さもなければ生命の樹の過程です。たんなる酸っぱいもの、個別化するもの、分離するもの、阻むもの、要するにベーメがルチフェルの堕落と理解する偏愛と強情に凝固するものは、乗り越えられなくてはなりません。それが人間の天職であり、人間は世界を支配すべき王なのです。

ここではパラケルススの硬直した大宇宙と小宇宙の関係は消え去ります。というよりもむしろ、さらにいっそう高く乗り越えられるのです。なぜなら、それは世界の内でひとつの未来を、純化された啓蒙された世界を目指すからです。生命の樹に変化した終末の世界が、人間にふさわしいものになるのです。ベーメはこのことを次のようにいっています。

自然の内では、以前からずっと天国と地獄が、ひとりの産婦のように、いつでも互いに格闘して活動する様子を、はっきりと見て取ることができる。しかし、生命の樹が世界の内にあって、世界そのものであるように、われわれの内には愛らしいキリストがいて、彼の仕事を通じて終末が訪れる。その時、生命の樹はみずからの苦悩と質の内に点火され、光は輝いてすべての質を充満させ、樹はその光のさ中で成長してゆくのである。

したがって、ベーメの場合、私たちは最後に千年王国的な汎神論に、弁証法に必然的な反作用を含む汎神論に出会います。この反作用そのものは、神の自然が七つの原動力の過程で止揚されるまで、神の自然の中心へ移されます。最初の転換では火とともに、第二の転換では人間とともに、つまり七つの世界の力全部のエキスとともに移されるのです。それと同時に、世界の根底に宿る苦悩が、欲望が、すべての質とともにやわらぎます。最後には分裂の和解が、一者への帰還が、あらゆる闘争の解消が起こるのです。

客観的な弁証法

すでに述べたように、ベーメの場合、光と闇の闘争は客観的な弁証法として把握されます。矛盾するものがなければ、二元論がなければ運動は存在しません。そして、悪の闇が光の啓示のための実現手段であることが証明されます。ベーメはこのことを、たえず新しいイメージを用いて詳しく述べます。原典のある箇所を引用してみましょう。ベーメはそこで、彼自身の言葉で、弁証法を表現しています。『神智学の六つの要点』*からの引用です。

　神であれ、悪魔であれ、地上のものであれ、あるいは呼び名は何であれ、読者は万物が肯定と否定の内にあることを知るべきである。一方の肯定は純然たる力と愛であり、神の真理であり、神自身である。もしも否定がなければ、神は自身の内でみずからを認識できず、神の内には喜びも、精神の高揚も、感覚もないかもしれない。否定は真理が明らかになるための、肯定か真理の反作用であり、否定によってあるものが、ひとつの対立《コントラーリウム》が生まれ、永遠の愛が作用して感覚されるようになり、また願望されるようになる。なぜなら、一は望むことができるものを、みずからの内には何ももっていないからである。二であるために一がみずからを二重化すれば、確かにみずからを一として感じることはできないとしても、二としてみずからを感じることはできる。……どんな事物も対立がなければ、みずからを認識することはできない。みずからに対立するものを何ももたなければ、事物はいつもひとりだけで出発して、二度とみずからの内へは帰らない。二度とみずからの内へ帰らなければ、もともとそこから出発した所へ帰らなければ、事物はみずからの根源状態《ウア・シュタント》を何も知りえないだろう。

こうしてここで、後進的なドイツのまったく北方的な光と闇の中で、ヘラクレイトスの客観的な弁証法がふたたび世界の形成者として、世界をそれ自身の内から取り出して、出現させるための棘さす本質として現れます。世界は肯定と否定の間の発酵を通じて産み出され、万物は光を生成する蒸溜器としての世界の内で、つねに化学的に、つねに道徳的に、またつねに信心深く働きつづけるのです。

七　フランシス・ベーコン

いまや空気はまったく変わり、事実また多くの人々にとって、より親しいものになります。まずイタリアから始めてドイツへと話を進めて来ましたが、その話の範囲内で海峡を越えてイギリスに渡り、ベーコンのもとへ向かいましょう。

時代はなおルネサンスですが、向かう先は相対的にはるかに進歩した資本主義の国、あのパラケルススの、またヤーコプ・ベーメのドイツとはまったく異なった国です。結局のところ、ルネサンスが進展してゆく過程で、イギリスは資本主義の面でも、イタリアよりもはるかに進歩しました。イタリアは本質的にはただ、商業資本や銀行資本を発達させたにすぎません。私たちは、イギリスですでに発展した資本主義を目の当たりにします。発展の終局にあるのは、十八世紀の偉大な産業革命ですが、それはすでに十七世紀に、ここイギリスで準備されていました。

さらに海運が、海風が、ヘラクレスの柱[*]を経由する大西洋の大海原への航海が、コロンブスを異なった形で継承しながらつけ加わります。この地上での《さらに遠くへ》(Puls ultra) が、《この先、行き止まり》(Non puls ultra) に逆らってつけ加わるのです。「さらに遠くへ」《プルス・ウルトラー》はベーコンの主著『ノーヴム・オルガヌム』(Novum organum) の初版[**]の口絵に描かれた銅版画の下に、説明文として書かれたものです。そこには豪華なイギリスの三本マストの帆船が帆をいっぱいにはらんで、ヘラクレスの柱を通り抜けて大西洋へ漕ぎ出してゆくのが見えます。船の積荷そのものと目的地は、パラケルススやベーメの場合ほど不確かでなく、少なくとも覆い隠されておらず、貴重でもありません。しかし、パラケルススらの宝物がまるで地下墓所《カタコンベ》にあるのとは反対に、いま私たちが向かう思想家の場合には、万事が近代的な思想にあふれて包みが解かれます。要するに、ベーコンは高い見通しのきく地位と、上昇期の資本主義に相応する鋭い同時代性をもっているのです。

その際、ドイツの経済的な後進性が、豊かな果実を実らせたことも見逃せません。それは、経済の面でも人間の生活スタイルの面でもなく、まして当時ドイツがヨーロッパ列強の協調政策から、ほぼ完全に脱退を始めた点においてでもありません。おそらくそれは次の点においてです。ドイツでは中世の思想に由来するものが、つまり資本主義の諸国でははるか遠くへ消え去った思考様式が残り、問題設定の際に作用を及ぼしつづけたのです。

中世の遺産に関していえば、ベーコンはもちろん、中世後期の別の伝統の中にいます。すでにかなり以前から哲学的な上部構造において、イギリスの市民階級的－経験的な思考様式を準備した唯名論の伝統です。社会的な使命は商業的で政治的な権力への意志とともに、上昇期の市民階級から発生し、特権や素性によってではなく、労働や業績や知識によって達成されるのです。

ヴェルラムのフランシス・ベーコン（一五六一―一六二六）は、靴職人の親方ではなくて、あくまで上流社会で暮らした上品な紳士で、世間に対する幅広い視野をもっていました。彼はすぐにイギリス王室の国璽尚書という重要な地位で仕事を始め、その後、大法官に昇進して、国王に次ぐトップの人間になりました。それだけに失脚は急転直下で、ベーコンは収賄で非難されますが、それに関する記録はもちろん、かなり疑わしいものです。それにもかかわらず、彼の政敵はこれを口実として利用し、その結果、大法官はロンドン塔での終身禁固の刑を宣告されますが、すぐに恩赦が与えられました。当時の人々は、ベーコンがこの訴訟の審理をすべて受け入れたのは、もっと身分の高い人物をかばったためだと推測しました。事実また、このもっと身分の高い人物、つまりイギリス国王は、ロンドン塔での禁固をすぐに解き、ベーコンが田舎で快適な隠遁生活を送れるようにしました。

彼はそこでやっと暇を見つけ、残念ながら亡くなるまでの短い年月でしたが、主な思想を書き留めることができました。それゆえ、この収賄訴訟に万歳三唱《スリー・チアーズ》を送ることにしましょう。さもなければ、確かに完全無欠の大法官は存在したかもしれませんが、哲学者はおそらく存在せず、いくつかの対談やわずかな著作に基づいた、伝説上の存在にすぎなかったでしょう。したがって、ベーコンの哲学は大学からまったく離れた所で、スコラ的、中世的な哲学からまったく離れた所で成立しました。

ベーコンの言葉の機知、世慣れた比喩の豊かさは、あるときはリヒテンベルクを、またあるときは最も比喩に富んだ哲学者ショーペンハウアーを想起させます。

ベーコンの著作に向かう前に、彼の比喩をいくつか紹介しておきましょう。彼の小さな著作の中には、しかしまた学問的な著作の中にも、この種の比喩が散りばめられています。たとえば、*「幸運は自分の手でつかめ。幸運の女神の厚かましい客となるな」。あるいは、「人間は自分の財産を喜ぶか、他人の不幸を喜ぶかのいずれかである。喰うにこと欠く者は、他人の不幸で満足する」。あるいは、「多くのあまりに高尚な思想家たちには、翼をさらにあてがうべきではなく、靴底に鉛をそそぎ込むべきである」。あるいはまた、「神学は修道女のように献身的で不毛である」、といった調子です。

さらに、ある奇怪な出来事について触れておきましょう。ベーコンは十九世紀の後半にまったく驚くほど新たに、またことのほか大げさに賞賛されました。彼にはどうしても賞賛される必要があったのです。なぜなら、偉大なドイツの化学者リービヒが、それ以前にベーコンをぼろくそに非難していたからです。彼はベーコンを完全におとしめて、ベーコンを口先だけの男、ペテン師、風向きしだいの計画立案者と見なしました。要するに、彼に対して含む所があったのです。

ところが同じ時期に、まったく奇妙なことに、シェイクスピア‐ベーコン問題とともに、ベーコンの名声が上がりました。俳優シェイクスピアの戯曲は、それどころか詩の一節さえも、肉筆の原稿では残されていません。シェイクスピアはめったに自分の名前を書かず、書いていても筆跡はまちまちで、借用証書やら債権者証書に見られるのが常でした。天才は生まれつきのものかもしれません。私たちはすでにその例を、ヤーコプ・ベーメの場合に見ました。しかし、俳優シェイクスピアの場合、その広範な知識はどこから来るのでしょうか。社会の上流階級への、また宮廷の言葉づかいへの精通ぶりは、いったいどこから来るのでしょうか。

こうして、ベーコンはシェイクスピアであるとする仮説が出されました。すなわち、ベーコンというきわめて教養のある人物は、あらゆる劇作家の中で最も天才的な作家でもある。しかし、彼は大法官としては、哀れな役者たちに戯曲を提供して、名声にほど遠い領域に足を踏み入れる勇気がなかった。そこで、実際にはただ俳優として存在したウィリアム・シェイクスピアの名を借りて、戯曲を発表した、というわけです。

「小さな謎はもっと別の大きな謎によって解かれるはずだ」、と考えるのは馬鹿げた考えです。シェイクスピアの戯曲を片手間に書くことができるほど、ベーコンは信頼のおけぬ人物ではありません。ちなみに、マーク・トウェインは賞賛に値する皮肉で、冴えた解答を与えています。彼によれば、異論の余地なく明らかなことは、今日シェイクスピアの名で知られている戯曲は、確かにシェイクスピアの作品ではないが、それを書いた別の男の名もシェイクスピアといったそうです。

とはいえ、ベーコンがシェイクスピアの戯曲を書いたという噂だけで事は収まらず、空想はさらにふくらんでいきました。それらの空想によれば、スペインで『ドン・キホーテ』が発行された後、すぐに卓越した英語訳が出版された事実が目を引くそうです。そこから「何だ、そうだったのか」という体験が生じました。すなわち、ベーコンは『ドン・キホーテ』も書いた。もちろん英語で書いたのだが、この方がオリジナルであって、その後セルバンテスの名で、つまり負傷して退役したスペイン人の下級将校の名で、スペイン語で刊行されたにすぎない、というわけです。

こうして、いまや私たちはひとりの面白い人物に、いずれにしろ哲学の他にシェイクスピアのすべての戯曲と『ドン・キホーテ』を書くことができたと信じられた人物に出会います。この人物がいずれにしろ空想をつかもうとしたことが、〔後で〕わかるでしょう。さもなければ、彼をめぐるこのような奇怪な出来事は起らなかったでしょう。

さて、主な著作を示すことにしましょう。すでに述べたように、それらはすべて田舎での隠遁生活で、やっとまともに詳述されたものです。ベーコンが過ごした短い期間中に、公表を予定した著作のすべてが、もちろん完成されたわけではありません。神話研究や古代人の伝説に関する短いエッセイを除けば、彼のライフワークは『学問の大革新』(Instauratio magna scientiarum) でしょう。この著作は全部まとまって詳述されたわけではありません。ベーコンならば、「時代は過渡期であるから、すべて論じつくすのは卑劣である」、といったかもしれません。それゆえ、私たちが手にできるのは二つの部分だけです。その第一部は『学問の尊厳と進歩について』(De dignitate et augmentis scientiarum) という著作です。そして、第二部が有名な『ノーヴム・オルガヌム』です。

全体は知的な球界の設計図として、従来のすべての学問の成果と、なお残された課題を記載する設計図として構想されました。ここでは、当時の偉大な発見の航海と平行して、概念の王国における発見の航海が、新しい航海の技術とともに、すなわち経験的‐帰納的方法とともに問題とされます。その付録が『ノーヴァ・アトランティス』(Nova Atlantis)、つまり最初の技術的なユートピアなのです。

ぜひ強調しておかねばならないのは、『ノーヴム・オルガヌム』の中で、ルルスの演繹法に対して使われる新しい言葉づかいです。ベーコンも自分が計画するものを「発見の学説」(ars inveniendi) と呼んでいます。しかし、ライムンドゥス・ルルスの場合、普遍的な概念から特殊な概念へ、さらには特異なものへと下降して演繹されるのに対して、ベーコンの場合、個別的なもの、特殊なものから出発して、抽象を通じて普遍的なものが、帰納法を通じて法則が発見されます。要するに、帰納的‐自然科学的な方法が、プログラムの中心にすえられるのですが、観察とガリレイ以来の数学上の業績はまだそれほど用いられてはいません。

認識の目的——自然の支配

ベーコンの学説の根本的な意図は新しいものです。つまり、自己目的の真理というものはなく、本来の認識もありません。人間の王国（regnum humanum）、万人の幸福が地上で建設されるという意味で、認識はすべて人間の役に立たなければなりません。これがベーコンのいわゆる功利主義の最終目標です。それは、心が安らいでもっと幸福になった生の王国、知識を通じて賦役・労働・労苦・抑圧・偶然・病気・運命から解放された生の王国です。つまりそれは、改良というスタイルでの、世界の変革に他なりません。

いまや商業資本の段階をへて、産業資本の段階へ至る若い上昇期の、資本主義のすべての飛躍《エラーン》が現れます。その活動は文字どおり勘定に入り、十八世紀のアダム・スミスの場合にもなお見いだされる初期の信心深い希望の形で表現されます。すなわち、「資本主義の経済様式が、最大多数に最大の幸福をもたらす」のです。とはいえ、そのためにはどうしても自然法則の因果的知識が必要です。こうして、自然は人間の王国《レーグヌム・フーマーヌム》へ奉仕することを強制されます。ベーコンの場合、それは世界を支配すること、事物を支配する力を獲得すること、したがって、事物を私たちのための事物に変えることを意味します。

その結果、ベーコンの有名な「知は力なり」（Knowledge is power）という言葉が、封建貴族に対して挑戦的に発せられます。知識は富をもたらします。それゆえ、〔封建的な〕力の富に代わって、富の力が生まれます。そのためにまた、ベーコンの哲学は、十八世紀の産業革命を助け、長い間それを準備するイデオロギーを提供するのです。

ベーコンの同時代人のひとりに、偉大なイギリスの劇作家マーローがいました。彼は『ファウスト』を書いた最初の人です。後にイギリスの役者の一座が、この素材をドイツにもち帰りました。しかし、マーローのファウストは、まさに次の点でドイツのファウストと区別されます。ドイツのファウストは、十六世紀にフランクフルトで出版されたシュピースの民衆本の中で、遍歴の魔術師、妖術師として描かれました。彼の神への不遜が知の不遜であるのに対して、マーローのファウストの不遜は力への衝動です。知識はただ富の力を獲得することにのみ役立ちます。当時まだ進歩的だった知識はすべてそうです。これは真にイギリス的なイデオロギーです。このイデオロギーは、ベーコンが知と力を同一視することによって、彼の功利主義に昇華されて哲学になるのです。

もちろん、ベーコンの功利主義的な思考の中には、発掘されるべきたんなる市民階級的な富の力の他に、なお別のものが潜んでいます。すなわち、あらゆる知は人間の王国に奉仕しなければならないのです。この人間の王国は、民主主義の観点から構想されています。もちろんこれは幻想にすぎず、主観的な虚偽意識にすぎませんでした。十六世紀にはまだ、人間の王国を建設する機が熟していなかったのです。とはいえ、そこには同時に先取りが、文化遺産のための真の素材が潜んでいます。それは〔現在の〕私たちに関わるものです。

ベーコンの場合、〔自然の〕支配は見かけは反対のもの、つまり服従を通じてのみ可能です。ベーコンは、「自然の支配は服従を通じて行われる」、といっています。それゆえ、このような服従を通じて技術的に人間的な力を獲得するには、まず自然とその法則を認識し、この法則に従わなくてはなりません。その結果、古い魔術に対して、いわば新しい魔術が生まれます。確かに古い魔術も世界の変革を目指しましたが、隠された手段を用いてでした。ベーコンは秘教的な魔術に対して、啓蒙された魔術としての、技術の解放を呼びかけるのです。

この時代には、「技術」はまったく新しい魔法の言葉でした。万事は技術の基礎を築くことに向けられました。この場合、啓蒙された自然魔術の行為が迷信的な魔術の行為に対する関係は、ベーコンがふたたび見事な比喩でいっているように、アレクサンドロス大王もしくはユリウス・カエサルの出征がアーサー王の円卓の騎士たちの行為に対する関係と同様です。後者は伝説にすぎませんが、前者は実際にあった出征で、勝利と征服と地上の現実的な変革をともなうものでした。

こうして、魔術の夢の形象が、いわば足で立たされます。課題は古い魔術に由来しますが、科学からスコラ哲学と神学を追放するように、私たちはその課題を実行に移して、すべての迷信を追放するのです。

感性と悟性

服従を可能にするためには、誰に服従するのかをまず知らなければなりません。それゆえ、私たちは経験を積まねばなりません。なぜなら、私たちは経験を通してのみ事物に近づくからです。自然を支配するためには、自然がみずから語ることに耳を傾けて、異論をはさまないようにしなければなりません。それゆえ、感性に依拠することが重要です。

人間は感性を通して現実と交渉します。その場合、悟性は、自然の規則つまり法則を帰納的に推論する課題を負います。「人間は」、とベーコンはブルーノと同様にいっています、「二つの門を利用すべきである。人間はこの門を通して世界、外界、自然を確かめることができる」と。この二つの門は、感性と悟性として、古くから伝えられてきたものです。

何か事が起こると、私たちは事の経過にいつまでも驚かず、しだいにそれに慣れて、表象の連合のみならず法則的な関連を、いわば事柄そのものの実在的な連合を獲得します。「感性と悟性は」、とベーコンはいっています、「もはや互いに並んで走るのではなく、やっと正式に結婚する」と。このような統一の立場からは、一面的な経験論も、極端に走る合理論も、必然的に拒否されます。

ベーコンは両者を次のような比喩で区別します。すなわち、「経験論者はいつも蟻のように感性と悟性なしにただ集めて、見つけたものをそのまま巣にもち帰る。これに対して、先験論者、つまり純粋な合理論者は、蜘蛛のように万事を自分の心の深淵から導きだして、空虚な網の目をつむぐ。しかし、哲学者は蟻でもなければ蜘蛛でもない。彼は蜜蜂のように花から蜜を集めて、蜂蜜を作る」と。感性と悟性の実際の比率に対する洞察は、それほど鋭くも深くもありませんが、これは明らかに素敵な比喩です。

確かに正式な結婚の決定を下すだけでは、感性と悟性の問題はまだ解決されません。ヒュームの場合、さらにドイツ哲学とりわけカントの場合、それに関して途方もない問いが発せられます。すなわち、「私たちがもつ二本の幹、外界に対する二つの受信機、つまり感性と悟性とは何か。なぜ一方はただ個別的なものと、なぜ他方はただ普遍的なものと出会うのか。なぜ私は原因と結果をけっして見ることができないのか。なぜそれを考えることができるだけなのか」。「二本の幹は」、とカントは問います、「ひょっとしたら共通の根をもっているのだろうか」。

これらすべての問いは、ベーコンとかなりかけ離れています。いずれにせよ、いまやっと建てられたばかりの家を最初から使用するには、ベーコンの帰納法の比喩はまだ十分に役に立ちます。

イドラの学説

さて、ベーコンの哲学において、はるかに重要で興味深く、批判に耐えうるものに話を移しましょう。感性と悟性を正しく二元的に使うには、思想家はあらゆる先入見を、幻影を、付加物を、あくまで捨て去ることが必要であるという主張についてです。私たちはここで、ベーコンの有名なイドラもしくは幻影の学説に出会います。

「精神は」、とベーコンはいっています、「もともとそうではないにしろ、長い歴史をへるうちに曇ったでこぼこの鏡になり、対象をただゆがめて映すようになる」と。世界が相応の姿で鏡に映るためには、鏡が良く磨かれて表面が滑らかにならなければなりません。そうして初めて幻影をまぬかれた世界像が映し出されます。それゆえ、ベーコンはもっぱら像《ビルト》‐模像《アプビルト》の比喩から出発します。

現実に相応する模像の道を阻むものを、ベーコンは四つのイドラに分類します。イドラはもはや懐疑論におけるような形式上の難問、それ以上先へ進めぬ難路ではありません。懐疑論は判断停止《エポケー》で終り、懐疑は積極的な関与を行わないまま、最後は利害得失のバランスの中で精神の平静《アタラクシア》を保ちます。ベーコンの場合、懐疑そのものは静められてはならず、ふたたび投げ捨てられねばなりません。

その結果、〔ベーコンの〕イドラの洞察は、他ならぬイドラをはるか遠くに遠ざけて、およそ不可知なものにし、ここできわめて大きな歓呼の声をあげます。いまや鏡はきれいになり、いまや私たちは準備を整え、万物は雷雨の後のように洗い流されて光り輝き、いまや精神の春が訪れます。撃退されるべき冬の四つのイドラは、洞窟のイドラ (idola specus)、種族のイドラ (idola tribus)、市場のイドラ (idola fori)、劇場のイドラ (idola theatri) つまり学問的権威のイドラです。

最初のグループは洞窟のイドラです。これはみずからの私的《プライベート》な洞窟へ閉じこもること、つまり個性的な特徴、個人的な素質、生まれつきか後天的に獲得された先入見を表しています。それは道楽、軽い狂気、妄執、我意であり、さらにまた、そうした場合に考えられるすべてのことです。つまり、「蓼食《たで》う虫も好きずき」というわけです。したがって、偶然によらない普遍的な観点から見るためには、とりわけ判断を下すためには、いわばみずからの偏狭な田舎町を去らなければなりません。「ある者はあまりにも多くの類似を見るが」、とベーコンはいっています、「他の者はごくわずかな類似だけを見る。またある者は古いものを愛して新しいものに有罪の判決を下し、他の者はただ新しいものだけを愛して古いものを不当に扱う」と。要するに、これらは偶然の相違にすぎず、学問の上ではまったく問題になりません。

二番目のグループは種族のイドラです。「人間の種族の」(generis humani)、といっても良いかもしれません。これは人間の種族、普遍的な人間の本性に由来するイドラです。感覚の印象を擬人化する偏狭さがこれに属します。太陽は見かけの上では登ったり沈んだりしますが、これが種族のイドラの一例です。このイドラはすべての人間がもち、各自で違った結果にはなりません。それゆえ、感覚は改良されなければなりません。感覚の知覚をやっと客観化する道具の発明によって、感覚は〔人間の類似ではなく〕自然の類似《アナロギア・ナートゥーラエ》にならなければなりません。

手で熱を感じる代わりに一本の体温計が、つまりそれ自身は熱をもたないで、擬人化の疑いから遠く離れた体温計が必要です。私たちの感覚は、私たちに天の川を見せます。しかし、ベーコンはすでに天の川が多くの星から成ることを予測していました。感覚の印象は事物の擬人化によって呼び起こされます。私たちは感覚の印象を通して、人間として事物の中に目をやり——意図のようなものは自然には縁遠いのですが、自然だけが支配する「意図」を知ります。

ベーコンつまり目的に対するこの偉大な反対者は、何よりもまず目的判断に立ち向かいます。ベーコンの要求によれば、観察する場合は人間の類似《アナロギア・ホミニス》に代わって、自然の類似が至る所で生じなければなりません。ここにはもちろん、パラケルスス的なものに対する、またベーメ的なものに対する、きわめて強力な反撃があります。彼らの場合、世界はまったく人間の類似によって眺められました。人間はこの種の類似においては小宇宙《ミクロコスモス》です。しかしまた、世界は巨人とも、大きな人間とも、またカバラに出てくる星々に至るまで背を伸ばしたアダム・カドモンともいえます。しかし、ベーコンにとっては、自然の類似が存在するにすぎません。自然それも無機的な自然が人間の尺度に従って観察されるよりも、人間が自然それも無機的な自然の尺度に従って観察されなければならないのです。

帰納的なイギリスの経験論者ベーコンは、ここですでに機械論の方へ向きを変えます。目的論に基づく戦争の解釈が、明らかに彼のもとで始まります。彼は擬人化した目的の解釈には嘲笑を浴びせますが、当時はそのような解釈が通例であって、十八世紀にますます通俗化して頂点に達しました。時にはもちろん、これらの解釈は思い上がって万物を目的論で正当化し、たんなる万物の擬人化を越えて目的論を平板化し、神学に変えてしまいました。このような合目的的な学説においては、野獣たちは寒さから身を守るために毛皮をもち、木は雨と日射しから果実を守るために葉をもちます。まるで緑の葉は、酸桃《すもも》が鼻かぜを引いたり目を痛めたりしないように、賢明な神の摂理によって創造された一種の雨傘であり、サングラスであるかのようです。

最後にベーコンは問います、「夜警の代金を節約できるかもしれないのに、なぜ神は夜も太陽を照らさせないのか」と。この簡潔な機知によって、ベーコンは純粋に因果的な物理学に場所を開けるために、もっと安っぽい原始的な目的論のモティーフに立ち向かいます。物理学はいまや自然のすべての目的関係を排除して、もちろんそれ自身ふたたび教条的になり、機械論的になりますが、それは種族のイドラの、つまりは擬人化の反射として、〔資本主義の〕商品循環に即して説明されなければなりません。

さて、イドラの三番目のグループは市場のイドラです。個人的な柵と種族の柵の後に、後天的なもの、歴史的に成立したものが続きます。市場のイドラは世論の偏見、つまり、至る所に流布していて、私たちが犠牲となる軽率なスローガンの偏見です。このイドラの主題は言葉の批判、しかも認識論的な志向をもった批判と結びついています。唯名論者たちにとっては、言葉はどうでもよいものであり、声の流れ《フラーツス・ウォーキス》、記号、たんなる術語にすぎませんでした。しかし、ベーコンにとっては、言葉はたんにどうでもよいものではなく、場合によっては有害なものです。その結果、フレーズや決まり文句の栽培場である抽象概念に対して、ベーコンは独特な批判を行います。

とはいえ、ベーコンはここで所期の目標をはるかに越えます。偉大な言語、重要な言語は、成立の現場、当時の階級関係のイデオロギー化の現場にとどまらず、たんなるイデオロギーの卵殻を越えて、あるありうべき剰余を表現します。それは良く表現された思想の、開かれた後熟を含む剰余です。「過去の中の未来」——この術語で理解されるものは、偉大な言語そのものの大部分にも当てはまります。ベーコンはもちろん、市場のイドラと闘うことによって、期限切れの社会の脱ぎ去られた衣服と、何かあるものが残される言語の剰余を区別することにも注意を喚起します。

イドラの四番目のグループは、劇場のイドラです。それは文芸の舞台や伝統的な権威のイドラ、権威主義的な伝統に由来する幻想のイドラを含みます。スコラ哲学は踏み固められた軍用道路のように見えますが、ベーコンは、スコラ哲学の革新に反対する権威と反動を拒絶することによって、ここで真のルネサンスを代表することになります。

ベーコンにとっては、伝統的な宗教の儀式も、劇場のイドラに含まれます。この種の問題においては、大物の政治家であるベーコンの立場は、もちろん必ずしも明確ではありません。一方ですでに述べた「神学は修道女のように献身的で不毛である」という発言があり、他方でまた、ベーコンに由来する「知識の杯を半分飲む者は神を否定するが、全部飲みほす者は神の下にふたたび連れもどされて、たぶん杯の底に神の顔を見るだろう」という発言があります。しかしまた、これと対立する別の発言もあります。明らかにはっきりと啓蒙的な傾向を含む発言で、「宗教と学問は分離した領域であり、両者の結合は救済をもたらさない」、といっています。「それどころか」、とベーコンは明らかに皮肉をこめて、「理性に反することを従順に仮定することが、信仰をもつ者の名誉である」、とつけ加えています。

テルトゥリアヌスが「不合理ゆえに我信ず」と外見上似たような発言をした際には、非常に真面目で深みがありました。しかし、ベーコンがそういう場合は、嘲笑するためにテルトゥリアヌスの発言が研ぎ澄まされ、そこに上品な皮肉が働きます。しかしまた、「宗教と学問は分離した方が良い。さもなければ、われわれは異端的な宗教も、神話的な哲学も手に入れることができない」という別の発言も重要です。こうして、曇りなき理性を優位に置き、権威に守られたあらゆる教条主義を批判することによって、ベーコンの劇場のイドラに対する批判は頂点に達します。

いまや私たちにとっての問題は、ベーコンの学説がイデオロギーの研究と関係があるかどうかです。イデオロギー（Ideologie）とイドラ（Idol）という言葉の似たような響きが、すでにこの問題へ導きます。私たちはここで、イデオロギーの形成に対して最初の良心を、ただ欺かれるだけでなく、みずからを虚偽意識の中で欺くことに対して、最初の探偵のような用心を抱くでしょうか。

その答えは肯定《ヤー》でもあれば、否定《ナイン》でもあります。否定というわけは、劇場のイドラにもかかわらず、イデオロギーの形成の社会的な土台については述べられず、洞察されないからです。ベーコンのイドラがまったく非歴史的であることが証明されます。それは変わらぬまま人間の全歴史を走りぬけ、種族においても何ひとつ変らず、個人の洞窟においても、《市場《フォルム》》においてすらも何ひとつ変らず、伝統の《劇場《テアートゥルム》》においても何ひとつ変りません。

支配階級は虚偽意識に関心をもつがゆえに、イドラを幻影として想定し利用しますが、ベーコンの場合はもちろん、イデオロギーを形成する支配階級の意識はまだありません。しかし、それにもかかわらず、ベーコンが啓蒙主義者である限りで、ベーコンのイドラの学説にはイデオロギー批判への重要な端緒が、それゆえ芽吹きつつある肯定《ヤー》があります。古代の懐疑論者たちは真理を否定するか、無に対する肯定と否定の永遠の均衡の内に甘んじようとしましたが、ベーコンは彼らのように止揚不可能な難問は設定しません。ベーコンは擬人化によって曇らされない認識のために、したがって私たちから独立した外界の認識のために席を設けるのです。迷信的な擬人化、つまり天使と聖霊と神と悪魔でいっぱいの世界と闘うとともに、虚偽意識もまた闘いの対象とされます。そして、そこには実際に封建的‐神学的な社会のイデオロギーが、つまり無時間的なイデオロギー批判を加えられるだけでなく、ベーコンが「イドラ」の名で呼んで闘ったイデオロギーが存在するのです。

「イデオロギー」という言葉そのものは、ずっと遅くなって成立しました。十九世紀の初めにやっと、つまりフランスの哲学者デステュット・ド・トラシーのもとで現れます。彼は一八〇一年から一八一五年にかけて、さらに一八二六年に『イデオロギーの基礎』(Eléments d'idéologie)を出版しました。「イデオロギー」という言葉はここで初めて現れますが、この言葉はひょっとしたら、それどころか十中八九、ある言葉の間違ったフランス語訳です。その言葉とはつまり、フィヒテが初めて言語に導入し、彼の主著をその名で呼んだ「知識学」（Wissenschaftslehre）という言葉です。

したがって、ベーコンは「イデオロギー」という言葉を使いこなせる状況にはありませんでした。それにもかかわらず、ベーコンは所与の社会的な制限の中で、イデオロギーと虚偽意識の観点の下で考えられるものを、先見の明のある尺度に従って、イドラの学説としてまとめました。このように、虚偽意識の探究は、ほとんど尊敬に値する前史をもっています。しかし、これ以降の市民階級《ブルジョア》の哲学においては、虚偽意識はもはやこれほど詳しく、また情熱的には探究されませんでした。

ベーコンの経験論

イドラはそもそも何のために強調され、そしてまた拒否されるのでしょうか。というよりも、慣習と当時の封建的‐神学的因襲にとらわれた通常の意識において、でこぼこに波打って曇らされた認識の鏡を磨くことによって、ベーコンはいったい何をもたらすのでしょうか。

ベーコンのやり方は、同時代に始まる合理論の認識論において行われた、別のいっそう主観的‐観念論的なやり方とは異なっています。両方のやり方はもちろん、どちらも〔ゆがんだ認識の鏡に〕だまされようとはしません。両方とも悟性を信頼しようとし、判断が下され、吟味される場所に居合わせようとします。そして、根拠を知ろうとし、先入見からできるだけ自由な、訓練を積んだ洗練されたまなざしで、根拠を理解しようとします。それが両方のやり方の出発点であり、まだ革命的であった頃の市民階級の出発点です。

一組の勇敢で抜きんでた精神の持ち主がスローガンを与えました。「君自身の悟性を利用する勇気をもて。」カントは後に、この〔ホラティウスの〕スローガンを、次のように定式化しました。「啓蒙とは、人間がみずからに責任のある未熟さから脱出することである。」では、蒙《もう》を啓《ひら》きながら未熟さから脱出するには、どうすれば良いのでしょうか。そのためには、自分自身の悟性を利用するような方法が、どうしても必要です。当時、それについて、まさにふたつの異なった答えが与えられました。

ベーコンの答えは、私たちはすでに聞きました。〔彼の答えは〕無造作に主観から独立して外界に存在するものの模像を、添加物〔＝イドラ〕からまぬかれた、純化された形で獲得することです。合理論〔の答え〕は異なっています。デカルトは懐疑から始め、スピノザは悟性の改良について、ひとつの著作を執筆しました。両者の場合、悟性が自己自身の内へ沈潜して、みずからを照らす光をもった、明晰判明な表象を浮かび上がらせることが問題です。つまり、悟性が、みずからを照らす光をもった、明晰判明な表象が生じる点へおもむくことが問題なのです。そして、悟性がこの点にとどまって、錯覚と先入見による混濁なしに、ここから外界を観察することが問題なのです。なぜなら、悟性の本性を備えないすべてのものを通して、錯覚と先入見が悟性に侵入して来るからです。

悟性は混濁した観念を取り去って、適合した観念を見いだします。悟性は数学的な方法を用いて、自己自身の内から、つまり純粋悟性から、それを産み出すのです。いまや適合した観念は、合理論にとって、現実に適合した観念であるだけでなく、もはやそれ自身の内で混濁しない観念であり、それ自身の内で解明された、いわば理念に適合した観念です。こうして、ライプニッツにとっては、完全に適合した観念とは、数学的で道徳的な形而上学的観念のことであり、これらの観念だけが、すべて永遠の真理を表したのでした。

これに対して経験的なものは、こうした見解〔＝合理論〕にとっては、低級な理性をもつ人間に関わるにすぎません。それはせいぜい永遠の真理を、教育上、例証するのに役立つだけです。とはいえ、直線というものは、私がそれを思念できるようなやり方では、実際には存在しません。純粋な円も、純粋な道徳も、そしてまた純粋な自然法も、実際には存在しません。合理論とはそのようなものです。そこで、ベーコンは、合理論に蜘蛛の比喩を適用します。蜘蛛は、すべてのものを、自分自身の内から引き出すからです。

確かにその比喩は当たっています。しかし、経験論が思念する犬の場合はどうでしょうか。いつも経験的に眼の前に存在する主人の後を追いかけ、それ以外の場合はただ、眼の前の経験の足の裏をなめる犬の場合はどうでしょうか。合理論の内には、実証的なものも潜んでいます。それはとりわけ、自然法の分野で目につきます。たとえば、「千年にわたる不正が、正しいことを決定できるはずがない」、という場合がそうです。眼の前に存在するものへの批判が、上昇期の市民階級がその絶頂できたえた批判が、この点において始まります。

どんなに長い伝統によって事実が神聖化されていたとしても、市民階級はまだ、事実を認知しませんでした。とりわけこれらの事実が、都合の悪い社会的事実の場合は、したがって専制政治とか小宮廷とか暴政とか圧政とか、十七世紀と十八世紀の絶対主義と関連するこれらすべての事実の場合には、「事実にとってはますます都合の悪いことだ」*、ということができます。これらすべての事実に対して、理性が反乱を起こすのです。

自然現象の場合はもちろん、事実のあり方はまったく異なっています。その場合、「事実にとってますます都合の悪いことだ」といえば、とても正気とはいえません。自然認識に関して、また起こったことの歴史認識に関して、合理的なものはただ決定権があるだけでなく、このような場合に絶対的な権利を主張するとすれば、私たちが知っているように、まったく不合理でもあるでしょう。自然と歴史はむしろ、何百年何千年の経験を通じて自然と歴史になるのであって、ただたんに理性になるのではありません。したがって、事実に対する物神崇拝をまったくともなわずに、自然と歴史は過程的な経験論において媒介されなければなりません。

とはいえ、つねに現実に存在する悪しき所与に対して、革命的な非経験論〔＝合理論〕が市民階級の上昇とともに現れて来ました。非経験論とは、所与のもの、事実的なものに順応しないで、それと闘い、それを変革するものです。しかし、この非経験論的なものに経験論的なものを、不可能な対抗物として対決させる必要はありません。経験論は必ずしも事実の足の裏の匂いをかぐ必要はないのです。ベーコン自身は、すでにたんなる経験論を、無限に〔事実を〕集めるものとして、目的地に達しないまま、対象の多様性の犠牲となるものとして、特徴づけていました。それゆえ、ベーコンは、経験的なものを合理的なものに結びつけることを考えます。

もちろん、認識の吟味に関していえば、ベーコンは合理論とは異なったやり方で行います。それはロックに、そしてフランスの唯物論者たちの経験論に引き継がれます。彼らが感覚主義者でない限りで、もはや悟性をまったく疲れさせない、あの経験論のはるかに悪しきタイプでない限りで引き継がれるのです。したがって、ベーコンの認識の吟味においては、事実は合理論者たちの場合とはまったく異なって見えます。ここでは〔認識の〕鏡は、自然の経験を通じて磨かれます。ここで経験は〔ひとを〕利口にしますが、公理的なものをめぐる熟慮〔=合理論〕は利口にしません。まさに〔ひとを〕利口にするためには、四つのイドラが知られなければなりません。なぜなら、四つのイドラは、経験をゆがめたものであり、経験によって訂正されなければならないからです。それゆえ、ベーコンの場合、四つのイドラはある唯物論的な認識論を、すなわち合理論者たちの場合には欠けていたものを見いだします。

とはいえ、ベーコンの持続的な経験の尊重は、現に存在するものには順応しないほど、というよりもむしろ、現に存在するものによじ登って乗り越えるほど、みずからの内に合理論を取り入れていました。なぜなら、認識を通じて世界を役立つものと結びつけ——もちろんそれは市民階級に役立つものにすぎませんが、知識を世界に介入するための力として、また世界を変革するための力として、規定する目的をもっているからです。それゆえ、また後で見るように、ベーコンによる人間の技術の、ほとんど初めての祝祭と、ユートピア化が始まります。そのためには結局、帰納的な、経験論的に十分な認識の力を借りて、有用な計画を発見する術《アルス・インヴェニエンディー》が必要となるのです。

ベーコンの、確かに目的論ではないが、目的を目指す諸形相

いまや注意すべきことは、ベーコンの場合、たとえば後のホッブズや上昇期の市民階級の機械論のように、万事が必ずしも因果律に従って経過しないことです。

つまり、ベーコンはまた唖然とさせるやり方で、形相を諸原因のひとつとして、つまり形相因（causae formales）として特徴づけます。forma（姿、形）という表現はアリストテレスの είδος（形相）の訳語に由来します。とはいえ、ベーコンにおいては、この表現は外面的なものは何も、形相あるいは形式主義と関係するものは何も特徴づけません。形相はむしろ完成態《エンテレケイア》であり、事物の状態であって、ベーコンはそれを事物の「自然」と呼びます。彼は様々な形相因の中で自然を理解するのです。

確かに自然はより低級な種類の——「質的でない種類の」といっても差し支えありませんが、因果的な諸要素から、したがって素材の断片から組み立てられます。しかし、自然は二度と分解されない固有なものを、むしろみずからが相互作用を及ぼす固有なものを示しています。つまり、ベーコンは諸形相の中で、偶然的加算的な意味で層であるだけでなく、みずから原因であると同時に相互作用を及ぼす諸要素の特殊な層の中で、熱、白、赤、緑を、つまり色、老化、死を特徴づけるのです。これらすべてものがベーコンにとっては形相因《カウサエ・フォールマーレス》なのです。

それゆえ、一方でベーコンは、あるものがどのように、また何によって組み立てられているかを知るために、そしてまた知性の紐帯がどんな方法で非常にしばしば失われてゆくのかを知るために、

諸要素への自然科学的な分析〔＝分解〕を求めます。しかし、他方で彼は、総合的な〔諸要素の〕層を固有の力として表現します。とはいえ、ここで私たちは中世の卵の殻を手にするというよりも、むしろ自然哲学の質的なものを唖然とするやり方で手にします。たとえパラケルススとベーメをかすかにしか想起させないとしてもです。

ベーメの場合は、強大な火であり、驚愕の火であり、とりわけまた愛の火であった熱が現れました。そして、光とともに出現する根源霊として色が現れました。ベーコンの場合と同様に、ベーメの場合も老化は現れませんでした。死もまた同様です。それゆえ、ベーコンはさらにいっそう質を、しかもまったく素朴な実在論《リアリズム》の意味において知っています。ここではルネサンスにおける質への欲求が、明らかになお作用を及ぼしています。これは帰納的‐機械論的な思想運動に反対する思想運動であり、ベーコンがひとつの矛盾として表現したものです。とはいえ、それはけっして目的論的な思想運動ではありません。

むしろここで、他ならぬデモクリトスとアリストテレスの間の媒介の問題が、たぶん初めて現れます。デモクリトスは最も単純な要素である原子《アトム》へ、つまりほとんど因果律のように運命《アナンケー》の機械的な紐帯によって結ばれる原子へ分解するように促します。デモクリトスは目的論、客観的な観念論はまったくもたないのです。他方、偉大な展開の思想家アリストテレスは、諸段階に分かれた完成態、質的な状態、したがって諸形相をもちます。その場合、ある形相は諸要素からなる別の形相の上に構築されますが、もはやそれは別の形相には還元〔＝分解〕されません。それはむしろ構築された後で、ある自立的な存在を導くのです。

このような諸形相は、たんなる色を超えたギリシャ的なもの、ライオンのようなもの、ヤシのようなもの、明るいもの、つまりは思念されたものです。しかし、プラトンの静的なイデアの意味ではなく、みずからを実現する目的因の意味でそうであり、ゲーテの「完成態」の翻訳にあるように、「生き生きとみずからを展開する造形的な形相」なのです。とはいえ、アリストテレスの形相論は、ただ質的に考えられたものではありません。

デモクリトスとアリストテレスは、現代に至るまで媒介されることなく、対立しているように思われます。それゆえ、二人の偉大な思想家の間には、ただ闘争だけがありました。すなわち、力学的な――まだ必ずしも力学的とはいえませんが、けっして機械論的ではない唯物論の思想家デモクリトスと、質的な発展をもつ二次的ならぬ実在的な性質の偉大な思想家アリストテレスの間には、ただ闘争だけがあったのです。哲学は今日に至るまで事象そのものに分け入って、必ずしもこの闘争を闘い抜いては来ませんでした。

しかし、ベーコンの場合、一次性質と二次性質との間の区別は、まだ話題にされませんでした。この区別は機械論的な世界像にふさわしいものであり、固有の性質としての色、音、老化を、まして死すらも、現実に対応物をもたないたんなる主観的‐観念的反射として放置します。ベーコンのさまざまな質は、還元的な説明をまったく必要としません。それはまさにいわゆる形相因として、みずからが説明の契機となるのです。

とはいえ、ベーコンの主要な関心事は、依然として発明《エアフィンデン》であり、真理の発見《フィンデン》です。真理の発見は二つの大きな観点の下で行われます。まず第一に、外界だけが真理の基準を与え、それをもとに

〔外界の〕模像は訂正されなければなりません。模像は鏡の中では訂正されず、みずからが映すものと外界にあるものとを比較することによって、むしろ鏡の方がみずからを訂正するのです。第二に、世界へ介入するためには——ベーコンの功利主義はそれを最終目標と説明しますが、因果律に関する正確な知識が必要です。

ここでベーコンと当時のユートピア主義者たち、つまりトーマス・モアと技術的にはまたカンパネッラとの関係は明白です。ベーコンによれば、とりわけ技術が促進されなければなりません。なぜなら、人間の負担を軽減するために、また地上で万人を幸福にするために、技術は唯一の実在的な土台を発展させることができるからです。

技術的なユートピア——ノーヴァ・アトランティス

いまやベーコンは、それをある独自なユートピアとして、新しい種類のユートピアとして表現します。私たちはこれまで、社会的なユートピアについては少なからず耳にして来ました。ただし、技術的な願望夢が前面に出てくるのは、たとえばカンパネッラの『太陽の国家』の場合とか、とりわけ潜水艦をデザインしたロジャー・ベーコンの場合で、ごくまれにしかありませんでした。

このテーマに独自な研究を捧げるのはベーコンのみです。私たちはベーコンにおいて、最初のサイエンス・フィクションの、後にも先にも長いこと孤絶したオリジナルを見いだします。それは『ノーヴァ・アトランティス』という著作に書き留められた、ほぼ全編が技術的なユートピアです。

プラトンの『クリティアス』(Kritias) によれば、アトランティスは九千年前に沈んだ大陸で、大西洋 (der Atlantische Ozean) はこの名から来ています。アトランティスはすでに高度な文明の段階に達していたそうです。とりわけ技術の面で万事がより優れていたこの伝説上の母国へ、私たちがもはや帰りたいと望まないように、ベーコンはいまや新しいアトランティスの計画を練ります。『ノーヴァ・アトランティス』には、研究、発見、発明の、それゆえ発見する術の体系的な経営組織があります。ここでは幻想的なやり方で、一連の偉大な発明が先取りされます。

私たちは同様のものをすでに『千夜一夜物語』である程度知っています。そこでは、屋根から飛び立つためのハンドルを脇腹につけた魔法の馬が、それゆえまだ想像上のヘリコプターが、非常に正確に描かれています。またそこでは望遠鏡も話題にされます。雲をひもで近づけたり遠ざけたりして、天候を人工的に変えることも話題にされます。ドイツのメルヘンには黄金のロバや魔法のテーブル、その他たくさんのものが登場します。しかし、ベーコンの発明の、より偉大なモデルを集めた本とは比べものになりません。それゆえ、十八世紀の偉大な数学者・百科全書家のダランベールは、『ノーヴァ・アトランティス』を「発見されるためにまだ残されているもののカタログ」と呼んでいます。

ノーヴァ・アトランティス島には、ソロモンの館 (templum Salomonis) があります。私たちはそれをまったく冷静かつ現代風に「工科大学」と訳すことができるかもしれません。この偉大で神話的な、なおいっそうユートピア的な工科大学では、様々なありそうにもないものが生産されています。そしてまた、他の同じようにありそうにもないものが、さらにたくさん生産されています。

そこでは科学的な植物栽培と動物栽培、生体解剖と動物実験が行れています。それは治療法を知るためです。つまり、食料の状態や筋肉の状態を調査し——もちろんまだ細胞の状態ではありませんが、発達した生化学を知るためです。要するに、科学的に寿命を引き延ばすためです。

また掘削機の仕事を軽減するために、ベーコンのいうように、文字どおり山を動かす強力な爆薬が開発されます。それどころか爆破装置もあります。蒸気機関に関するかなり正確な記述もあります。巨大なタービンが動物の仕事と人間の筋肉労働を不必要にします。四分音を奏でる楽器もあります（現代の技巧的な音楽家アロイス・ハーバは、現代の最新の流行として、半音階でなく、四分音と八分音を使用しました）。

『ノーヴァ・アトランティス』の示唆的な表現によれば、アトランティス島の人々は、私たちの可聴範囲を超えて音を拡大する、不思議な器具をもっていたようです。ベーコンは電話のことも想像しています。電話は地下に埋設された管でできていて、管の中では空気が一定の圧力に保たれて、音の伝播をいっそう容易にします。もちろん電気についてはまったく話題にされませんし、また話題にすることも不可能です。しかし、何百マイルも離れた所で声を聞きたいという問題、願望が、ここで課題として提出されます。飛行機に至ってはいくらでもあります。残念ながら永久運動《ペルペーツア・モビーリア》もあります。おまけにたくさんの種類があって、それによりまた迷信が入り込んでいます。

ベーコンの偉大な技術的なユートピアはこれらすべてを含んでいます。そして、目的に合った、方法を適用した発見する術がもたらすに違いない様々な果実を、ベーコンは生き生きと表現するのです。これらの果実が人間の王国《レーグヌーム・ホミニス》を基礎づけることになります。そして、ひとつの社会的なユートピアが、『ノーヴァ・アトランティス』の著者によって計画されました。それは技術的な土台に基づきますが、残念ながら詳しくは述べられませんでした。

計画を立案する際に、ベーコン自身にある思い出がよみがえりました。ベーコンはギリシャ人たちとまったく異なったやり方で、プロメテウスのことを想起したのです。ギリシャ人たちの場合、プロメテウスは本質的には天から火を取って来る泥棒の名人でした。一部しか残されていないアイスキュロスの三部作では、プロメテウスは一転して高い評価をえています。そこではプロメテウスは巨神《ティタン》で、ゼウスによってコーカサスの岩山につながれ、一羽の禿鷹が彼の肝臓をついばみます。これが鎖につながれたプロメテウスであり、禿鷹ないし鷲は、専制の、したがってゼウスの太古の象徴です。しかし、プロメテウスは日々の終りに解放されますから、それは鎖を解かれたプロメテウスでもあります。

とはいえ、ギリシャ人たちの奴隷所有者の社会では革命的な意識は存在しなかったので、確かにプロメテウスは悲劇的な関係の太古の形象であるディオニュソスとともに、最も壮大な悲劇的英雄として理解されますが、ギリシャの幻想とは相容れず、反抗的な形象にはなりませんでした。それゆえ、驚くべきことでもあれば、それほど驚くには値しない現象が存在します。すなわち、プロメテウスは、学位論文の中でマルクスが「哲学のカレンダーの中の最も高貴な聖人」として評価した意味では、中世の全世紀を通じてまったく問題にされず、また強調されることもありませんでした。

イタリアの文献学者で唯名論者のユリウス・カエサル・スカリゲルのもとで、プロメテウスは初めて新しい解釈を施されて現れます。スカリゲルはプロメテウスを詩人にたとえて、「有名な形象を模倣することによってではなく、新しい形象を発明する〔＝作り出す〕ことによって、詩人はみずからを俳優《ヒストリオー》と区別する」、といっています。詩人はそれゆえ《第二の神《アルテル・デウス》》に他なりません。詩人がそうするように、人間を形づくるプロメテウスだけが第二の神でありえます。確かにそこには、革命的な息吹はまだ、それほど吹いてはいません。

これに対してベーコンの場合、プロメテウスは初めて技術的な反抗者として名指されます。彼は主人〔＝ゼウス〕の仕事に手出しをする途方もない勇敢さを、つまりいい加減な仕事はしないでとても上手に、それどころかいっそう調子に乗って、主人よりも上手に仕事をする途方もない勇敢さをもっています。プロメテウスが形づくる人間たちの方が、ゼウスが世界で創造したものよりも良いのです。このように、ベーコンはここで技術の側面から、アレゴリーないしはプロメテウスの原型を利用して、次のようにいっています。

　プロメテウスは独創的な人間精神であり、人間の支配権を基礎づけて、人間の力を無限に高めて神々に反抗するのである。

この反抗の力、この文の反抗的な意識は、ほとんど疑いようがありません。ベーコンはこのような極端な勇敢さを、みずからが予感しつつ実現していることを、身をもって感じようとしたのでした。

それにもかかわらず、この驚くべき人物の限界は明らかです。すなわち、徹底さに欠け、深みに欠けているのです。時々それに触れることがあるにしてもです。

ベーコンは、まだ時代の地平線の下にあった新しい学問をも構想した、スケールの大きな計画立案者でした。彼は商業活動の学問つまり市民階級の国民経済学を、また観相学（Physiognomie）の学問などを構想しました。バロックの時代にはたくさんの計画立案者《プロイエクタント》がいました。「企画屋《プロイエクトマツハー》」という言葉は、当時はまったく嘲りの言葉ではありませんでした。後になってやっと「計画倒れの企画屋」という意味で使われたのです。企画屋とはむしろ、どうすれば世界を発明によっていっそう私たちのための存在に作り変えることができるか、そのためのアイデアを思いつく人のことでした。

いずれにせよ、ベーコンのノーヴァ・アトランティス島は、ひとつの目的を掲げました。彼自身が征服者でなかったとすれば、彼は、一足先に移住して〔島を〕探査し、将来住む居住地に目印をつけた設営係ではあったのです。

ドイツのルネサンスの思想家たちとは、テンポも温度も著しく異なったベーコンについては、もうこれくらいにしましょう。テンポと温度が異なるにもかかわらず、ベーコンはルネサンスの《さらに遠くへ《プルス・ウルトラー》》という点で、彼らと一致しています。自然における質的なものという意味では、さらに、あるいはふたたび一致しています。真理を自己目的のためではなく、純粋な観察のために探し求める点で一致しているのです。というよりもむしろ、とりわけベーコンの場合、認識の鍵がすでに世界を人間の王国へ、つまり世界で最も有用なもの（maximum utile）へ改良するレバーとして通用するのです。

医者のパラケルススもまた、病気を治療するために知識を利用しました。そして、人間の王国は、ベーメの場合は世俗化した天国《パラダイス》であり、他のユートピア主義者たちの場合は改良された地上でした。その結果、もはや天国を必要としない程度には、地上は少なくとも計画された天国に隣接することになります。ベーコンの冷静な経験論は、つまり事物をまさにその場に放置しないであるがままに受け取ろうとする経験論は、同じユートピアの精神に発することを証明しているのです。

八　数学的自然科学の成立
（ガリレイ、ケプラー、ニュートン）

ルネサンスは市民階級の勃興をもたらしますが、それとともに政治経済学の隆盛をもたらします。政治経済学において、人間の労働生産物がもつ質的な使用価値は、市場における生産物の量的な交換価値へとますます解消されていきます。あらゆる人間や物が商品となることで、労働やその対象がもっていた質というものが、数値で表される抽象的な量へと変換されるのです。確かに開放された市場という不安定な状況下では、従来のように決算をして収支の帳尻を合わせるだけではすまなくなり、統計を取りたいという商業上の関心が起こってきます。もちろんそうした関心は、それ以前の商業資本の時代にも見受けられましたが、しかし工場制手工業が行われるようになるにつれ、決定的に高まっていきました。こうした統計への関心の高まりによって、計算への関心、現実を計算によって支配することへの関心が起こってきます。

こうした関心は、経済的なものの反映として計算法の発達に作用を及ぼし、数というものに敬意を払うことに寄与しました。それに対して中世では、かろうじて魔術の方法のうちに、数の神秘術として、数というものに敬意が払われていたにすぎませんでした。すでにアラビア人は代数学を、インド人は零《ゼロ》を導入していたにもかかわらず、中世に数学は存在しませんでした。資本主義の発展そのものから取り残されていたスペインでは、ピレネー山脈の反対側のフランスで資本主義が発達して結束を強め、数学のいまだかつてない全盛期が到来していた時期に、知られていたものといえば、掛売りの代金をつけておく必要のある小売店主向けの簡単な算術教科書くらいでした。

数学がこれほど密接に市民経済《ブルジョア》と結びついていたことは容易に見て取れます。したがって、ガリレイの正体とは、いわば自然科学によって世俗化されたピュタゴラスでした。結合が、自然と数学の結合が生じ、それも私たちがまずもう追体験することのできない大胆さで結び合わされ、それに応じて自然のもろもろの対象が数学的秩序によって把握できるようになったのです。

中世において自然とは、まさしく動揺と無秩序、混乱とカオスの場でした。そうした自然の特徴をよく示しているとされたのが、彗星でした。自然とは堕落したものであって、そこに住まうのはもっぱら悪魔、デーモン、異形であり、偶然と没法則性だったのです。したがってどんな自然法則《レークス・ナートゥーラエ》でも例外とされました。とはいえトミズム*においては、自然の秩序《オールドー》とその法則《レークス》は、人間の本性と同じく完全に堕落、腐敗しきっているわけではなくて、むしろ原罪によって極度に衰弱しているにすぎず、他ならぬデーモンたちに妨害されているのだと説明されていました。

それに引きかえ歴史は、スコラ哲学によって唯一救済に向けて秩序づけられた領域とされます。そこでは秩序と法則が支配し、天地創造に始まり、ノアの洪水を経て、さらにキリスト生誕へ、そしてついには最後の審判へと進んでゆきます。こうした考えは、アウグスティヌスにおいて確固とした基礎づけを与えられました。

ところが、ルネサンスにおいては、この考えは逆転します。歴史は、過去も未来も出来そこないのものになり、秩序のないもの、数学的に見て明晰な自然とはまさに対照的なものになりました。いまや自然は一種独特な書物、〔スペイン人の〕医者ライムンド・ザブンデの異端者的表現をかりれば、まさに「自然の書物」にすらなります。この自然という書物は、書物の中の書物である聖書と、そこからアウグスティヌスによって抽き出された救済史の論理に対置されるどころか、その上位に置かれることになります。この自然の書物には彗星の世界、火山、地震、嵐、凶作といった、ありとあらゆる予測不可能なものが書かれていますが、それだけになおさら整然と並んだ数で書かれており、数の組織が自然の対象と結合されています。

ガリレオ・ガリレイ（一五六四―一六四二）は、数学の教授としてヨーロッパ中で名声を博していました。彼は研究を行えるだけの資金を手に入れるために、愚鈍で頑迷固陋な市会当局と幾度となく闘わなくてはなりませんでした。その晩年には、コペルニクスの地動説を支持したかどで、火刑に処せられそうになりました。彼は地球について、かの有名な言葉「それでも地球は動いている」をつぶやいて、教会の教えに屈服することを再び拒んだといわれています。大著『新科学論議』を書きつづけるためだったからとはいえ、教会の圧迫に屈してガリレイが自説を撤回してもよいほどの理由だったでしょうか。これはきわめて核心をついた問いであり、ブレヒトが戯曲『ガリレイの生涯』で扱ったのもこの問いです。

それでは、ガリレイの著作そのものに目を向けてみましょう。主著は『二つの新たな科学についての論議と数学的証明（＝新科学論議）』（Discorsi e Dimonstrazioni Mathematiche a due nuove scienze 一六三八年）と『新しい科学についての対話（＝天文対話）』（Dialogo sopra i due massimi sistemi del mondo 一六三二年）です。『新科学論議』はきわめて内容豊かな書物で、大部分が運動の数学的理論の詳述に当てられていますが、自説を撤回した後に初めて書かれた著作でした。

すでに全体を通して見て気づくと思いますが、新しく登場した自然科学者、経験主義者および唯物論者の中に、これまでひとりとして一面的な感覚論者はいませんでした。だれもが、観察や知覚以外にも、思考をギリギリの所まで働かせており、思考という大切な働きが経験にとって欠くことのできないものになっています。なぜなら、こうした科学者や研究者たちは、ただたんに観察するだけでは満足はしないし、もしもそれだけで満足が得られるならば、そもそも思考を始める必要などまったくないということを知りつくしていたからです。

ガリレイはいっています、「帰納法だけでは不十分である。それは必要ではあるけれども、あらゆる事例を調べつくすことは不可能であり、多少なりとも高い蓋然性を手に入れるのが関の山だからである」と。それゆえ、さらに思考を進めてゆく悟性が必要となり、しかも二つの方面で、一つは方法面で、もう一つは目標面で必要となります。ガリレイによれば、方法として悟性は、実験を通して自然に関して決定的に正しい情報を獲得し、また自然研究の目標はどれも、出来事の経過を数学を使って表現できる法則の発見にあります。

実験は自然に対して一つの問いを、周到に立てられた計算づくの問いを、投げかけます。自然科学でいう実験とは、何よりもまず、ある事象連関の中からいくつかの構成要素をわざと切り離すことを意味します。自然の出来事を円滑に経過させるのではなく、停止させます。実験では人為的な条件を設定し、しかも調べようとする事象連関が成立する原因と思われるものに沿って設定します。こうして設定された条件をまた任意に変えてみて、決定的な条件と非決定的な条件、本質的な条件と非本質的な条件を取り出すのです。こうした条件が実験を通して把握されたとき、そうでなければ素朴な経験の内にとどまっていたことが、理解されたこととして現れます。そうして実験は、自然科学的に見て、その目標に達したことになります。

ガリレイの時代にはまだ、何か新しいこと、つまりこれまでにない効果をもたらす新しい条件連関を作り出すことなど、話題にするどころではありませんでした。発明とその技術の時代が始まって、ようやくそうしたことが頻繁に行われるようになりました。そうなるとしかし、実験は引きつづき行われるので、実験の結果がもはやそれまでの事象連関とは合致しないこともありえます。簡単な実験の場合ならば、実験を中断して自然の連関を理解しようとします。しかし、何か新しいものを作る必要がある場合には、様々な事象連関を、あるものは弱めたり、またあるものは強めたり、三つ四つの連関を組み合わせたりして、巧みに利用することによって自然を拡張します。

こうした自然法則の作用を組み合わせて生じる結果は、人の手が加わっていない自然においては起らず、人間の介入なくしては成立しえないような第二の自然というものへと突き進んでいきます。その上その第二の自然では、人間が初めて自然に持ち込んだ、いわば文明的性質をもった目的の諸関係が影響を及ぼします。もちろん多くの場合、それは自然をただ利用するだけでなく、自然とは異質な目的に役立つよう自然を力で押さえつけます。いずれにせよガリレイ以降、現にある自然の諸連関がますます知られて解明され、最後には技術によって組み合わされました。

このように力で自然を圧服することに対しては、ベーコンの例の「自然の支配は自然への服従を通じて行われる」という命題が、少なくともある程度は従うべき命題として有効です。この命題に従えば、目標とする所は、自然の諸事象を法則科学によって完全に把握し、諸事象を予測してそれに介入できるようにすることです。すなわち、後の〔オーギュスト・コントの〕言葉でいう「予見せんがために見る」(voir pour prevoir) ことです。

ガリレイの場合、いまや方法として二通りの行き方があります。ひとつは、実験を可能にする諸要素へと自然を分解する方法（dissecare naturam）です。その目的は運動の最も単純な要素を見つけ出すことであり、そうした単純な要素から後で運動現象を規定することが可能となります。この第一の方法、つまり分解すること（dissecare）、切断すること、現実を分析することを、ガリレイは分解的方法、解体する方法と呼んでいます。

第二の行き方は、実験の助けを借りますが、これをガリレイは合成的方法、組み立てる方法と呼んでいます。つまり、運動の最も単純な要素を見つけ出したら、それをふまえて数学的に現象を記述することにより、日常の経験が示す結果と同じ結果に到達しなければならないということです。こうした仕方で私たちは、科学によって余す所なく把握された経験を、いやそれどころか、そもそもはじめて経験というものを獲得します。

なぜなら、普通に経験と呼ばれているものは、経験などではなく、むしろ体験的現実であり、そこではどうにかこうにか勝手は分かっているもの、理解には達しておらず、科学以前の意識が形成されているにすぎないからです。とはいえ、自然科学のいう経験とは、ガリレイ以来このかた、世界の運動要素を数学的に記述した理論、つまりただ測定したデータに頼るだけでなく、本質において量的に認識された理論へと至るものです。

ガリレイの場合、運動それ自身が実際に合成的なものであり、認識する方法はただそれを写しとっているにすぎません。ただ運動だけが、ある物体と他の物体との結合や物体の状態を構成しており、それゆえここでは量的なものが、運動に起源をもっているために、同じく動態的なものとなります。いまや一種企業家精神のような息吹が世界を貫いて流れ、静止している物体という不動の類概念ではなく、物体の運動こそが第一義的なものとなります。こうしてここからは、類概念的な思考およびその静態的な論理に代わって、作用や変動の連関を対象とする機能法則的思考が始まります。

中世の静態的な世界像は、身分制社会を反映していますが、そこではまさに正反対の評価がなされます。物体の自然状態とは静止状態だとされます。運動は異常な状態と見なされ、物体の運動はどれもみずからを消耗し、そのため物体はしばらく動いたかと思うと、だんだん動きがゆっくりになる。それ自体異常な衝撃は、ついには使い尽くされて物体は静止し、やっと静穏な状態になります。とにかくまたまったく異常なもの、つまり外からの衝撃がやってくるに違いありません。そうすると物体は再び運動しますが、いわば嫌々ながらなのです。しかし中世にあっては自然状態とは静止であり、それぞれのものがあるべき所へ組み込まれ、生まれついている状態です。そのためにこそ地球は静止する必要があり、宇宙の中心なのです。

ジョットの絵画では、非常に多くの人物がしっかり腰をすえた姿で描かれています。いっさいが階層秩序の中で自分が属している場所に描き込まれており、動いているものは何ひとつありません。いっさいがあるべき所に到着しており、そこには神聖で正しい真の静止があり、すべては堅実に出来ていて、あるべき位置に存在しています。これは市民社会以前の社会、資本主義以前の動きのない社会での物の見方であり、そうした社会では市場が閉ざされており、上層階級では古代からそうであったように、労働が軽視されています。

これとは違って、市民社会では労働が高く評価され、世界は流動化しています。こうして、衝撃というものが注目をあびるようになります。この衝撃とは歴史的‐社会的に見て、当時活躍し始めていた企業家の衝動から理解できます。衝撃という概念をガリレイは、主としてものの質量を規定するときに使っています。二つの物体が同一の速度において同一の衝撃をもっている場合、両者の質量は同一となります。ガリレイが発見したのは運動法則ばかりで、たとえば時計の振り子の運動法則、等加速運動の法則などであり、エネルギー論に基づきながらもやはり徹底して量に着目しました。

それにもかかわらず、ガリレイの場合、価値を伴った特性も欠けてはいません。たとえば、自然の一致、統一性、単純性などがそうです。「自然の法則は単純である」、「自然の法則は互いに合致するはずである」、「自然には統一が存在する」という命題が、いったい自然〔という書物〕のどこに書かれているでしょうか。この点は、きわめて機械論的に世界を解き明かしたガリレイに、なお質的なものへの関心が残っていたことを物語っています。確かに自然の書物は数字で書かれてはいますが、しかしそれ以上のものなのです。自然はまた芸術家のような働きもし、建築作品を作り上げます。そして数学的‐機械論的法則は、その作り方と同様に、自然の働きの芸術的調和も明らかにします。

自然科学の数学的方法は、ほとんど同時期に、ドイツの自然研究者にして自然哲学者であったヨハネス・ケプラー（一五七一―一六三〇）によっても発展させられました。ケプラーの著作としては

『新天文学』（Nova Astronomia 一六〇九年）、『宇宙の奥義』（Mysterium cosmographicum 一五九六年）および『宇宙の調和』（Harmonices mundi 一六一九年）があります。彼もガリレイと同様に、どれほど数学を使おうとも、依然としてきわめて直観的なのです。ケプラーにとって直観される世界は、ガリレイほど数学的な運動方程式に分解されず、その代わりに数学的な比率へと分節されます。直観される世界は数学化されて解説されるのではなく、むしろ数学的に厳密な仕方で理解されます。

ケプラーの対象は惑星系であり、したがって天体力学です。この奥の深い沈思黙考型の、真にファウスト的な研究者像の中で、数学的自然科学が経験的認識とピュタゴラス主義から生まれたものであり、しかもピュタゴラス的調和に対する質的な記憶を失わずに保持していることが、やっと全容にわたって明らかになります。しかもケプラーはかなりのピュタゴラス主義者で、弦の振動数の数的関係が——リラの弦ですが、惑星と太陽の距離の中で再認識できると信じていました。それゆえ、彼は太陽系を「アポロンの竪琴」と呼んでいます。どの惑星も運行の際に七つの音階の中のひとつの音を奏で、全惑星がいっせいに世界の和音なるものを生み出します。それこそ天空の音楽であり、シェイクスピアが『ヴェニスの商人』（第五幕第一場）の中で、当時のピュタゴラス主義に対して詩的表現を与えているような音楽です。

ロレンゾは、シャイロックの娘で自分の恋人の美しいジェシカにこう語りかけます。

堤に眠る月明かりの、なんて甘美なこと！

ここに腰をおろして、忍び寄る楽の調べに
静かに耳を傾けよう。しっとりとした静けさ、この夜のとばり、
音楽の快い調べにふさわしい。
おいで、ジェシカ！　ごらん、あの大空の床を、
まるで黄金の小皿を一面に散りばめたようだ！
そうしておまえの目に映るどんな小さな星くずだって、
まわりながら天使のように歌っていないのは、ひとつとしてないんだよ。

ゲーテも同様に『ファウスト』を天球からの音楽で書き起こしています。もっとも、場面は夜の静かな光の中ではなく、厳しくかつ正確な昼ですが、「太陽は昔ながらの調べを奏で、同胞の星の群れと歌の音を競う」と。

ここで決定的なことは、他ならぬケプラーが、疑いの余地なく美しい神話から出発して目指していたのは、宇宙全体の数学的で美しい均斉のとれた理性であり、ただ数学を使って禁欲的に量にのみ還元する理性ではなかった、ということです。同様にガリレイもまた、量的なものへの還元だけではなく、美的価値としての簡潔性や統一性も念頭においていました。両者の場合、ブルーノのいう「宇宙における完全性」が影響を与えています。

自然の内ではいっさいが最も簡潔な仕方で起こり、方法の上では「簡潔さが真理の徴《シムプレクス・シギルム・ウエーリー》」という基準が妥当することは、必ずしも自明のことではありませんでした。たとえば、中世の自然像にお

いては、この基準は通用しませんでした。すでに述べたように、中世の自然像は、予測不可能な彗星のような恐怖であふれていました。同様に後年のヘーゲルの場合も、この基準は当てはまりませんでした。彼はケプラーの法則を賞賛したにもかかわらず、乱痴気騒ぎをする「自然は、自制もしなければ心の平静を取り戻しもしない外自存在である」と述べています。

また、自然のいわゆる完全性も、必ずしも自明なものではありませんでした。自然は長い間、魔神《デーモン》の住みかと解釈され、自然そのものがいかがわしく、また自然に関わることも、いかがわしいとされていました。そう考える代わりにケプラーは、宇宙の構造に関して、ピュタゴラスやカバラだけでなく、プラトンの『ティマイオス』に見られる数学的思弁にも助けを求めました。『ティマイオス』では、世界は立体のような物体に組みこまれ、世界全体は正十二面体に最も近づきます。ケプラーは『ティマイオス』を丹念に研究し、これに多くの似たような、もちろん〔プラトンと〕同様に神話的な思弁を付け加えています。それ以外にも、ケプラーの理想とする宇宙像には、一貫して神話に近い価値判断が働いています。

こうした神話的な思考の持ち主ですから、ケプラーは結局、激しい闘いの後にやっと「惑星は最も完全な軌道である円軌道上を運行する」という自説を捨て去ります。チコ・ブラーエが火星の運行に関して行った観測の結果、そうせざるを得なかったのです。自説を放棄するとはいっても、ケプラーは原罪を自然に導入して、円よりは低いが円に次いで完全な軌道つまり楕円軌道を、アダムの原罪に堕ちた惑星に付与するくらいです。

ここで注目すべきことは、こうした神話的な思弁が、まったく正しい結論に至りうるということです。今の例でいえば、ケプラーの第一法則がそうですが、それまで仮定されていた円軌道の代わりに、惑星の楕円軌道を有効に定義しています。さらにまた、ピュタゴラスと『ティマイオス』に由来する幻想的な理想像がつづきます。すなわち、天体の可変的速度の間にも、諸惑星の平均速度値の間と同様に、和声の振動数の間の関係に類比した関係が支配しているに違いない、というものです。この第一法則と同様に、きわめて幻想的な類比関係の理想像を追求するうちに、ケプラーはもちろんまた、経験的にすでに証明済みのもの（probatum est）、つまり第三法則の発見に至ります。第三法則によれば、惑星の公転周期は太陽からの距離の関数として示されます。

強調すべきことは、どんなに神話に彩られているにせよ、ケプラーが測定可能性を、とりわけ宇宙における理性、調和を生み出す理性を確信していたことです。その点に私たちは、客観的な質のたんなる残滓以上のものを手に入れます。その残滓は、自然科学がどんなに数量化を行って定式化しようとも、それでもなおいくらかの影響を与えつづけています。たとえば、マックスウェルの光に関する電磁波理論の方程式にも、またプランクがその見事な調和を賞賛したアインシュタインの特殊相対性理論にも、その影響が見られるのです。もっとも世界はまだ、けっして音楽的に調和のとれた状態ではありませんが。

アイザック・ニュートン（一六四二―一七二七）は、重力の法則を発見することによってケプラーの法則を基礎づけました。彼の主著は『光学』（Optica 一七〇四年）、『自然哲学の数学的諸原理』（Naturalis philosophiae principia mathematica 一六八七年）であり、とりわけ後の著作には重力

〔＝万有引力〕の法則が含まれています。ニュートンはまだ、「重力」という語が表しているように、重力を力と見なし、光のような独特な作用因としてとらえますが、最終的には力学的により狭い意味で、圧力や衝撃としてとらえます。光や音のように、この力が何もない空間を貫いて伝わっていくと考えたのです。つまりここで、遠隔作用の原理が導入されます。

空虚な空間は、静態的な空間であると同時に、万物を取りはらって空《から》にできる囲われた場所です。それは古代の自然哲学者、つまりソクラテス以前の哲学者やプラトンの「空虚」の概念にまでさかのぼります。そこでは、空間を満たすものがすべて抽象されると、空間そのものが容器の形で表象の中に残ります。その〔空間の〕イメージは、まさに容器を通じて、つまりその中に目に見えぬ空気の他は何もない瓶や空き箱を通じて、私たちに身近なものとなります。

こうした空間のイメージは、ニュートンの場合も残っています。しかも不変のイメージとして、その中で行われる運動からまったく独立した空間のイメージとして残っています。ユークリッド幾何学のいう空間とはこの空間のことです。ユークリッドの空間の観念は、物理学においてはアインシュタインの相対性理論に至るまで、平均的な日常の経験世界、つまり原子以下の極小でも天文学的な極大でもない世界の領域に対して、異論の余地なく通用していました。それどころか、そもそも宇宙全体に対しても妥当するものでした。

ニュートンは――その大胆さを思い描くことは、たぶんもはやできないでしょうが――天体を、つまり星辰崇拝や占星術といったありとあらゆる迷信がまだつきまとっていて、そのうえ神の創造によるものとされ、永遠の崇高さを帯びていた天体というものの運動を、いまや力学的に説明したのです。つまり、〔彼の説明によれば〕遠心力と求心力との結合のために、惑星の公転軌道は楕円とならざるをえません。これらすべては時計じかけ、つまり地球上で作られたものと同じ正確さと規則正しさで進みます。

このように、地球上のものと同じように天上のものを説明することが、天上のものへの途方もない突破口を開くことになりました。ドイツ語には「天」と「空」に当たる語は Himmel しかありませんが、英語には heaven と sky があります。heaven はキリスト教のいう彼岸にある天国で、sky は私たちのいう蒼穹〔＝空〕のことです。ドイツ語では言葉がひとつしかなかったために、いずれにせよ Himmel という語には、神学的で超越的な連想〔＝天国〕が以前からつねに結びついていました。

こうした連想がいまや物理学によって断ち切られるのです。ニュートンはフランスの機械論的唯物論に天文学上の根拠を与えました。そして、地上の玉座と祭壇からその権限を奪い取っただけでなく、カントの『天界の一般自然史と理論』〔一七五五年〕にも天文学上の根拠を与えました。これによって、神による創造という仮説は深く傷つけられました。

後になってやっと明らかになったニュートン物理学の限界は、すでに暗示されていました。ニュートン物理学は、世界のすべての関係に対して、ユークリッド的空間を前提としていました。私たちがふだん経験している空間である中宇宙《メソコスモス》の世界に対しては、もちろん今日でもニュートンの空間観念やニュートン力学は引きつづき通用します。またここで生じる誤差はほんのわずかなので、実際的にだけでなく、理論的にもほとんど無視することができます。

ところが、後に発見された素粒子の空間、つまり電子や中性子や陽子などが運動する原子以下の空間に対しては、ニュートンの不変の空間観念は通用しないことがわかったのです。そして、リーマンが十九世紀に作り上げた非ユークリッド幾何学が、つまり彼の多様体理論とその不変ならざる空間が、大宇宙《マクロコスモス》に適用されるようになると、ニュートンの空間観念は大宇宙的な規模において、つまり途方もなく離れた恒星において、とりわけ星雲において、その妥当性をすっかり失ってしまいました。空間は原子以下の小宇宙《ミクロコスモス》と大宇宙にとって、もはや空っぽの容器ではなく、質量のように空間を満たす運動、衝撃に依存しているのです。これによって、空間は〔小宇宙と大宇宙の〕二つの領域で、可変的で、柔軟で、かつ曲がったものとなるのです。

そうした空間を計算するのに役立つのが、数学的道具としてのリーマン幾何学です。これを理解してもらうために、例をひとつ挙げましょう。三次元の地球儀を二次元的なメルカトル図法で地図に直すと、大きな歪みが見えるでしょう。赤道のあたりはまだすべて正確ですが、赤道から南北へ離れてゆくやいなや、途方もない拡大が生じます。その場合、カナダ北部やノールカップ、あるいはシベリア北部は過度に引きのばされ、同様のことが反対側の、たとえばオーストラリアでも起ります。このいわゆる知的‐視覚的な錯覚は、空間における重力線を、つまり太陽の周りの公転運動を、私たちの観察空間へと下ろして投影する仕方にも見られます。私たちの三次元的な観察空間と宇宙空間の関係は、地図上の二次元空間と地球儀の三次元空間の関係とほとんど変わりません。つまり、空間へ様々な帰結をもたらした重力の概念は、アインシュタインの相対性理論によって、きわめて有益でかつ重要な修正を受けたのです。探求はいまなおけっして完結していないのです。

それはさておきニュートンの法則は、中宇宙の世界では十分妥当性のあるものとして存続しています。その上下二方向の境界に関していうと、誰よりも晩年のニュートン自身が、確かにとても奇妙なやり方ですが、中宇宙的なものをみずから乗り越えようとしていました。聞いて驚くなかれ、その乗り越えは黙示録的に行われるのです。もちろん、彼はそのことを完全に秘密にしておきました。とはいえ、ニュートンの著書『聖ヨハネの黙示録』(Apokalypse of St. John) が一七三三年、つまり彼の死後に出版されました。これは、ルネサンスにおける力強い自然幻想の最後の表明であり、同時にまた反自然幻想の表明でもあったのです。これが、ルネサンス期の最も精密な自然研究者の実像なのです。

九　トーマス・ホッブズと国家契約説

つづいて合理的機械論の出現を扱いますが、国家契約に関する諸学説は、この機械論につながっています。ガリレイにおいて、私たちは最も単純なものに帰着させる方法、まさに分解して組み立てる方法を学びました。いまやこの方法は、歴史的‐社会的対象にまで応用されます。取られている方法も同じで、自然を分解すること《ディスセカーレ・ナートゥーラルム》、そしてそれに基づいて自然を組み立てること《コムポーネレ・ナートゥーラルム》です。

この場合、衝撃は最も単純な運動要素、たとえば後の微分ではありません。微分は分解する方法を使ったあとで、運動を理解し組み立てるためのものです。その代わりにここでは感情、利害問題、諸個人が、それゆえ量に代わって価値判断が、歴史的‐社会的領域の場合と同様に避けて通れないものとなります。諸個人は利害問題、感情において、また欲求を満たして権力を手にしたがる点で、衝撃を与えられた原子と等しいものです。こうした最も単純な要素から、いまや社会や国家の営みの仕組みが、後から組み立てる目的で、とりわけ市民階級の利害関心にそって作り変える目的で、自然科学と同様の分析的〔＝分解的〕な手法で理解されます。

こうした道をそれぞれ違った仕方で歩んだのがグロティウスとホッブズでした。彼らが説いた諸個人に関する国家契約説は、ユートピア的であると同時に有史以前にまで遡ります。国家契約説によれば、諸個人はみずからが本来もっている意志の方向、欲求、衝動、利害関心に基づいて、互いに折り合いをつけます。つまり、もはや狼のように孤立して生活しないで、互いに喰ったり喰われたりしないようにします。現にある国家は〔欲求や利害関心などの〕諸要素と国家契約説を手がかりにして、つまり、個々人の利己主義を抑制し調整してきた根源的と称する国家契約説を手がかりにして、自然法に基づいてその価値が測られます。すると、国家はその契約を遵守して来なかったのだから、国家のほうが大半は誤っているのだ、ということが分かります。古典的な自然法が市民階級《ブルジョア》の革命の理論となったのです。それゆえ、社会現象が人間の本性にふさわしい社会組織の側から批判されます。それゆえにまた、社会現象と正しい社会組織との間の不一致が突きとめられます。このように、自然法の場合、現にある経験的事実を肯定しない姿勢が、つねに強調されるのです。

この点で、国家と社会に関する思考は、初期の市民階級の自然科学と一線を画しています。自然科学の場合、運動の理論、たとえば放物線運動や落下運動の理論は、運動の諸要素の発見に基づいて立てられますが、その理論がそれ以前に発見されたものの経験と合致しない場合、つまりそれを科学的に説明することができない場合は、その他の点でどれほど類似点があろうと、その理論は誤りということになります。ある物理学者がいて、「事実にとってはますます都合の悪いことだ」というとすれば、その学者は馬鹿者であり、人間から切り離して説明すべき事実よりも、自分の仮説の方が重要だ、と見なしていることになります。

自然法の理論、つまり所与の事実や経験的な事実を経験的に観察するだけでなく、規範に照らして〔現状の〕変革を目指す理論は、事実と合致しない場合、「所与の社会的事実にとってはますます都合の悪いことだ」といえますから、自然科学の場合とはまさに逆です。国家契約をとり結ぶ際に事実に対して要求されたことは、その後も引きつづき互いに幸福をもたらし、幸福を保証しました。私たちが暮らしている国家がそのつど、この要求に答えないからといって、この要求が誤っているとはいえないのです。

逆に堕落した国家と適当に折り合いをつけるならば、ご都合主義、弁護、安っぽいイデオロギー、場合によっては腐敗したイデオロギーになりかねません。事実、自然法の場合、そういう事例があり、とりわけ十八世紀ドイツにおいては顕著でした。クリスティアン・ヴォルフやプーフェンドルフの場合、一、二割は市民階級的で、九割がたは封建的な現状と折り合いをつけて、ほんのわずかな改良と変革しか目指しませんでした。

しかし、そうした腐敗例を度外視すれば、自然法においては総じて、政治的経験が自然法と矛盾する場合、自然法学者の見解によって国家に非があると見なされます。つまり、自然法の学説はそれ自身において〔社会的〕事実との一致を追求しましたが、けっして規範を示して雲散霧消してしまうものではありません。自然法の学説はむしろ、客観的な傾向、つまり予定どおり勃興しつつあった市民階級を〔封建権力から〕解放して、権力を握らせる傾向に歩調を合わせて、封建主義と対峙しました。

まず初めに、自然法の学説の創始者、その名はアルトゥスを見ていきましょう。それから、彼に対する同時代の反動勢力を見ていきます。その反動の結果、アルトゥスとアルトゥス的なものは、忘れ去られてしまいました。この反動勢力は、すでに触れたマキアヴェッリ、その後はフランスの法哲学者で主権のイデオローグであったボダンから始まっています。主権の概念はまず何よりも君主の主権、国王の威厳（maiestas）を意味していました。主権の概念はその後も残って、君主から人民へと転用されることによって、重要なものとなりました。人民が主権者となったのです。

これらの概念はなんら意味空疎な言葉ではなく、じつに厳密な法学的および法哲学的な内容をもっています。それはボダンによって打ち立てられました。ボダンはまた経験主義者でもあり、法哲学を研究するには、法制史が必要だとした最初の人でした。市民革命の兆候は、ヨーロッパ大陸で最も市民階級の意識が進んでいた国オランダで、近世の封建主義へ傾斜していない資本主義的な精神に富んだ人々、つまり船員、商人および手工業者のもとで現れました。その時、アルトゥスはふたたび返り咲き、そして国際法の創設者で自然法の最初の偉大な理論家、フーゴー・グロティウスが現れたのです。

自然法は喜ばしいことにドイツで、ヨハネス・アルトゥシウス（=アルトゥス）（一五五七―一六三八）をもって始まります。三十年戦争の前夜、新たに生まれた資本主義の活気の波が、ドイツ西部にまで押し寄せてきました。アルトゥスは王権に対して民権を最初に擁護した人であり、その主著は『政治学』（Politica 一六〇三年）といいます。彼はユグノー派の教徒、つまりカルヴァン主義者でした。パリで起こった恐るべきバルテルミの夜、つまりユグノー派の教徒がひとり残らず虐殺された旧教徒による水晶の夜以降、フランスでは旧教派の王権に対して、またカルヴァン派の運動への弾圧に対して、抵抗運動が湧き起りました。

この抵抗は、カルヴァンの最も忠実な弟子にして後継者であったベザ（=ド・ベーズ）によって、それ以前に表明されていました。ベザはバルテルミの夜について、こう明言しています、「神によってあてがわれた政府当局に対しては、なんら臣下として服従する義務はない」と。それゆえ、信心深いある種の人たちにとって、政府当局が好ましくなくなれば、もはや神によって任命されたものではなくなります。(それどころか、もちろんただローマ政庁の利害関心の範囲内にすぎませんが、当時ベラルミーノやマリアナといったイエズス会士たちは、議論の対象として暴君放伐論を扱っていました。それゆえ、暴君放伐の最初の理論は、イエズス会士たちによるものだったのです。)ベザによれば、人民こそあらゆる法の源泉であり、この場合の人民とはつまりユグノー派の教徒たちのことでした。

ユグノー派の指導者たちは、他国にいるカルヴァン主義者たちや、ドイツのルター主義者たちとすら異なる出身階層に属していました。つまり、ユグノー派はおおよそフランスの貴族たちによって統率されていたのです。カルヴァン主義や後のルター主義に見られたような、商業への利害関心と封建諸侯の利害関心との独特な癒着は、ユグノー派の運動にとっては関知しないことでした。ユグノー派には、君主に対峙するフロンド党という形で、奇妙な封建的要素がいまだに残っていました。この封建的要素によってまた抵抗運動は推し進められ、鼓舞されたのです。そして、公権を剝奪された騎士たちは、熟練した装備で、政府当局に対して反乱を起こすことができたのです。

ベザの見解は、もちろん多くの制約で包まれています。たとえば、抵抗権をもつのは人民ではなく、身分の高い者だけでした。政府当局そのものも、いまだ合理的には理解されていません。確かにそれはもっぱら神によって任命されるほど、もはや非合理なものではありません。とはいえ、たとえ「その任にふさわしくない者に注がれた」といったニュアンスが加味されているにせよ、聖油か塗油式の油がまだいくらかその名残を留めています。

いまやそれがアルトゥスに至って決定的に変化します。アルトゥスは、国家と社会全般を合理論的に理解する方向へ向かって、さらに大きく前進しました。何よりもまず、政府当局が人民の利害にかなった行動をもはやとらない場合は、人民の代表者ばかりか人民自身も政府当局を解任できるという考えが浮上したのです。ここでいう人民とは、つねに市民階級のことです。国家は人民から委託を受けたにすぎず、周知のエピクロスにまでさかのぼる学説が、つまり国家は諸個人の契約に基づいて成立したとする学説が、復活し始めます。もしも契約が一方によって——この場合は政府当局ですが、履行されなかった場合は無効となり、もう一方の相手である人民は新たな状況に直面することになります。この新たな状況とは革命状況であり、革命において人民は主権者として現れます。アルトゥスは人民主権を要求することによって、中世後期にすでに現れていたある伝統を推し進めるのです。

その伝統を発見したのは、偉大な法学者にして法制史家であったギールケです。彼はまた〔アルトゥスと〕中世末に起こった後期の右派唯名論運動との関連を、とりわけ偉大な唯名論者オッカムとの関連を発見しました。オッカムの友人であるか、少なくとも彼の考え方に通じていたのが、パドヴァのマルシリウスでした。彼の主著は『平和の擁護者』*(Defensor pacis 一三四六年)といいます。とはいえもちろん、この考え方は当時、教皇に抵抗する君主制のイデオロギーであり、もはや教皇の権力は神によっては与えられず、教皇の権力に対しては公会議によってではなく、旧教徒たちが一団となって抵抗しなければなりませんでした。この考え方はプロテスタンティズムによって体系化され、ある種の大がかりな宗教的反乱にまでなりました。農民戦争では、この反乱は君主に対してすら向けられました。

アルトゥスはじきに忘れ去られ、何の影響も残しませんでした。人民主権の考え方は絶対主義が始まるとともにその使命を失ってゆき、これに対して君主の主権が緊急の問題となりました。しかも資本主義の発展という目的のためにです。市民階級は君主制と同盟を結ぶか、さもなければ君主制が市民階級と反封建主義の同盟を結ぶことになります。もちろん新たな封建主義の始まりであり、何よりもまず国王は第一の貴族にとどまり、その次に取り巻きの宮廷ボスたちが現れました。こうした近世の封建主義は、スペイン化によって資本主義に突入し、市民階級の、経済的ではないにせよ政治的な台頭を阻みました。とはいえ、絶対主義の中にも市民階級の理性《ラチオー》が侵入し、国家理性という影響力の大きな概念が成立します。国家理性という概念は、人民主権の概念が再浮上するよりもずっと以前に、議論の対象になったのです。

ここでいまや、燦然と輝いて不気味に現実との矛盾をはらみながら、しかも首尾一貫して登場するのがニコロ・マキアヴェッリです。彼は傭兵隊長という意味で、真のルネサンス人でした。私たちは年表をいささか勝手気ままに扱うことになります。なぜなら、マキアヴェッリはアルトゥスよりもずっと以前に生きていたにもかかわらず、彼とは対極に位置しているからです。年代上の早さは、ここでは見かけ上のことにすぎません。時間的な事実よりも、人物が活躍していた場所の歴史的な発展の水準の方が、決定的な影響を及ぼすからです。しかも、十四世紀にはイタリアの大都市は、他のヨーロッパの都市よりも、はるかに成熟した歴史的‐社会的状況に達していました。マキアヴェッリはそうしたイタリアの大都市のひとつであるフィレンツェに、一四六九年から一五二七年まで暮らしました。彼は一五一二年までは秘書官として、フィレンツェ共和国の外交業務に当たっていました。彼は最初のうちは共和主義者で、リヴィウスの最初の十巻に関する論考（＝『ローマ史論』あるいは『リヴィウス論』）を書いています。

リヴィウスに関する論考とほぼ同時に刊行されたのが、著名な書『君主論』(Il Principe 一五三二年）です。この書物は君主制支持の立場に立ち、メディチ家に捧げられています。メディチ家は、フィレンツェ共和国の崩壊後に権力を掌握した支配者の一族でした。マキアヴェッリの第一の任務は、市民階級に活躍の場を与えることでしたが、彼はこの任務を意識していませんでした。彼みずからが意識していた第二の任務は、イタリアの統一でした。最初の国民感情といったものが、奇妙なことに、都市国家に分裂しその中心に教会国家が鎮座しているイタリア人の胸に沸き起りました。強奪と征服を事としていた傭兵たちによって、もしかするとフィレンツェから国家統一を実現することができるかもしれないと、マキアヴェッリは信じて疑いませんでした。彼は意識していなかったでしょうが、国家統一の目的は大規模な統一経済圏を形成することであり、イタリア資本主義の発展のために必要なものでした。それはつまり社会的な要請だったのです。

では、支配の技術に関するこの非常に変わった学説を詳細に見てゆきましょう。すでに述べたように、この学説はシニカルなものですが、国家の現実の全体がシニカルだったのであり、そうした現実にこの学説はそれを操る技術の概念を供給するばかりか、イデオロギーまでも供給したのです。

ルネサンスの残忍な人物たちについては周知のことでしょう。エンゲルスは「ルネサンスは巨人の時代であった」といいましたが、ルネサンスはたんに精神や科学、哲学や芸術の巨人の時代であるだけなく、犯罪の巨人の時代でもありました。ルネサンスはチェーザレ・ボルジアの時代であって、そのことはマキアヴェッリにも反映されており、しかも何の批判も加えられていません。なぜなら、それ自身としてはシニカルでない目標が、彼の念頭にあったからです。

その目標とはつまりイタリアの統一であり、考え抜かれて把握された、非常に洗練された芸術作品として、支配を作り出すことでした。冷徹な権力というピアノで演奏し、しかも美しい曲を弾くことができるということこそ、マキアヴェッリ流の政治なのです。その際、どんな指使いをし、どのようにペダルを使うのか、さらに和声的なソフトペダルを使って、いかにミスを正しいものに転化するか、さもなければ正しいと思わせるか、こうしたこともその政治には不可欠です。とはいえ、要請されたこと、つまり目的のためには手段を選ばないのです。

その結果、いまや次のような教訓が、きわめて実践的な教訓が生まれます。すなわち、情熱を抑えることができるのは、情熱だけであって、けっして理論ではない、それゆえ情熱を互いに戦わせて利益を得なければならない、という教訓です。欲望、愛情、恐怖は、それが必要なときに呼び起されねばなりません。つまり、私は恐怖を呼び起して、欲望を忘れなければならないのです。あるいはまた、私は愛情を呼び起して、恐怖を忘れなければなりません。

これはまったくの人間蔑視の表れといえます。さしあたり、この教訓が現実となった身近な例として、ヒトラーの国家〔＝第三帝国〕が思い浮かびます。そこでは、人々はこの教訓どおりにふるまい、情熱をもって働きました。もちろん、マキアヴェッリとは違う理由からでした。マキアヴェッリの場合、国家理性が存在し、それはけっして非合理なものではありません。とはいえ、まさにこの国家理性が、社会的共同生活の要素の中で最も単純な情熱をもって働くことを、あたかも得策であり、とても実践的であるかのように思わせているのです。

さらに次のような教説が、支配の奥義《アルカーヌム・ドミナーチオーニス》として説かれます。すなわち、支配の意図された目的は、けっしてむき出しのままで現れてはならない、さもなければ一般に宣伝の力を失ってしまう、とする教説です。実際のところ、この宣伝の力は人々の心をとらえるとされますが、人々の目的は上層階級が追求する目的によって実現されないどころか、逆に妨害されることさえあります。それゆえに徳という仮象《シャイン》が必要となります。それはイデオロギー、偽装、そしてまた陰謀といってもよいでしょう。しかも大がかりな陰謀であり、罪を犯す勇気です。とはいえ、その勇気はいつも名ばかりの道徳の下に隠れていなければなりません。なぜなら、マキアヴェッリがいうように、世間は——彼の場合たいてい民衆のことですが、仮象で判断するからです。ここでふたたびファシズムへ行き着く一つの路線が見えてくるのです。マキアヴェリの場合、確かに社会的な要請が違いますから、それほど意図していなかったでしょうが、この〔宣伝の〕路線はナチズム、ファシズムにおいて顕著になりました。

この点で、〔マキアヴェッリによって〕推奨された古代の心構えは一種独特な洗練を伝えています。それはつまり復興《ルネサンス》であり、古代の心構えは政治の面でも、またたんに建築術の復興や絵画の面だけでなく、古代ローマの男性的な徳《ヴィルトゥース》の復興の面でも要請されます。この心構えはキリスト教的な徳などではなく、男性的な・徳《ヴィル・トゥース》と呼ばれます。

反動の国家論、つまりマキアヴェリズムの国家論の真っただ中に、私たちはまったく異なった理由からとはいえ、後にジョルダーノ・ブルーノを火刑へと追いやったもの、つまりキリスト教への激しい攻撃を見いだします。ここでは男性的な徳から発する攻撃であり、奴隷道徳を攻撃したニーチェの教説の前奏曲といえます。つまり、マキアヴェッリはキリスト教の道徳に背き、この世にもはや神意を見ず、キリスト教の神の摂理にさえも逆らったのです。この世を盲目的に支配しているのは幸運の女神《フォルトゥーナ》の歯車であり、ほとんど機械としてとらえています。上にあるものは落下するのです、歯車は回転するのです。

新プラトン主義の中でストア学派に対抗して生じたものが、ここでは教会に対抗して生じているのです。ストア学派のいう運命（εἱμαρμένη）、この運命愛《アモール・ファーティー》を含むものは瓦解し、世界は無政府的状態《アナーキー》を呈します。まさにいまや、男性的な徳がこの盲目的な幸運の女神に介入して、最良のものを無理にでも奪い取らなければならないとされます。神意は格下げされ、神が行うことを君主が行い、君主が運命の車輪の輻に手を差し入れるのです。君主こそが神意なのです。

ここで『君主論』*から一節を引用してみましょう。

　人々にほとんど男性的な徳が欠けている場合は、幸運の女神が存分にそのもてる威力を発揮する。幸運の女神は〔気まぐれで〕移り変るので、共和国家もたびたび移り変る。共和国家は、最終的に一人の人物が頭角を現すまで移り変るだろう。その人物は古代に非常に深い愛着を持っているので、幸運の女神を〔男性的な徳で〕調整するのである。

私たちはカエサルを思い起します。支配し調整する男性的な徳の力を借りて、幸運の女神を支配し、調整し、指示することが目標なのです。それゆえ、マキアヴェッリが用いた別の比喩でいえば、幸運《フォルトゥーナ》は女性と同様に――幸運も女性ですから、殴られたり、突かれたりしなければなりません。そうして幸運は誰が主人かを痛感し、それに身を任せるのです。社会の幸運を左右する諸条件が、それどころかまだ見極められていない幸運の素性が、さらに続けて洞察されますが、結論にはほど遠いのです。それにもかかわらず、マキアヴェッリは、「きわめて賢明に、結果をすこぶる正確に考量して、女性を殴り突かねばならない」と述べています。幸運が私たちの意のままとなり、私たちがそれほど長い間殴らなくてすむように、また面倒を起こして力を消耗しないですむように、私たちはいわば身体の部位を、幸運という物化した女の心理を、正確に知らなければならないとされます。

いずれにせよ国家理性があまねく及び、皇帝による詐欺と支配について、マキアヴェッリが試みに評点をつけるまでに至ります。「ところで幸運の女神自身はというと」、とマキアヴェリはいいます、「男性的な徳が悪魔的であるのと同様に陰険である」と。つまり、このことが国家理性としての理性に非合理な仕方で混入され、国家理性をまたもとどおり非合理なものにします。非合理なものへの跳躍は、すでに幸運を陰険で信頼の置けない女にたとえていることで暗示されており、それには男性的な徳という鞭が必要不可欠になります。もちろん、男性的な徳は国家理性を使用するにあたって、幸運をただ女と見なすだけでなく、いわば自分の妻とすることもでき、どうにかこうにか一緒に暮らしていくのも必要だとされるのです。

とはいえ、この陰険な幸運の女神もやはり、自分自身の法則を、行動の基準である必然（necessità）をもっています。それゆえ、幸運は必然の中に組み込まれます。必然は、政治が正常に運営され、あるいは少なくとも支障なく運営され、よい結末に至るまで続けられるように、肯定されて為されるべきことを示します。必然の釣り合いのとれた論理は、男性的な徳の利口さを、まさに国家の必然という意味での利口さを呼び起します。

こうして、〔男性的徳の〕魔力の内にふたたび節度が入り込み、冷静な頭脳の持ち主ならば必然の度合いに従って達成可能なものだけを望むくらいは利口であれ、と要求されます。たとえば、敵の力が圧倒的に優位な場合、協調しながらタイミングよく講和を結ぶことなどがそうです。それゆえ、必然によって教え導かれる、合理的でバランスのとれた行動が要求されるのです。

国家の愛国的な目的は――ここでマキアヴェッリが考えている国家とは、本質的には樹立されるべきイタリア国家ですが――民衆つまり貧しき納税者《ミセラ・コントリブエーンス・プレーブス》がどうにか生きていけるようにしてやることです。国民を幸福にすることは、国家の目的ではありません。国家の目的は争乱が起きないようにすることです。こうして、国家の必然は微かな輝き、見せかけの安泰を獲得し、承認を経た寡頭制によって実行に移されます。その場合、一人の独裁者、一人のカエサルを中心とする、権力の複合体によって実行されるのが最善です。その点で古代ローマというお手本は、いたる所で効果を発揮しました。なぜなら、古代ローマは二つの鎮静剤を、つまりパンと見せ物（panis et circenses）を使っていたからです。これは非常に古くから使われていた民衆をなだめすかす手段でした。

ここで厄介なことは、当時始まりつつあった内閣政治において考え出された、いわゆる支配の奥義を体系化することでした。この支配はその後、バロック期に絶頂に達します。内閣の運営はフーガのように入念に調整され、対位法的に構成しつくされて、複雑な歯車装置になりました。当たり前のことですが、そこではすべての部品にたっぷりと潤滑油を差しておかねばなりません。歯車も互いに正確に噛み合わなければなりません。テンポはこちらでは遅く、あちらでは速く、時計じかけの平衡輪も、規則正しい動きを保ちつつ、ここではたとえば諸国家間の協力の途方もない困難さを示す具体例として使われます。この諸国家間の協力は、後の十九世紀に大変誤解され堕落して「ヨーロッパ的協調《コンチェルト》」と呼ばれ、その後には経済学においても「協調行動」と呼ばれました。

理性はここにもまた含まれています。狡猾さの技術、それも畏怖の念を起こさせる狡猾さの技術は、後の秘密外交と高等政策を体現しているといえるでしょうが、〔当時すでに〕「誠実は最も洗練されたペテンである」という格言になるほど世間には知られており、すべてまたシェイクスピアのアントニウスの言葉の内に、洗練された形で反映されています。これらのカテゴリーはこの頃やっと考え出されました。それ以前には成立しえなかったのです。なぜなら、たとえば古代ローマの権力複合体は、極悪非道のあまり、いわゆる盟邦に対して巧妙な政策を必要としなかったからです。

マキアヴェリズムは非常に不道徳だと見なされ、事実またその通りで、お決まりの図式的な進歩信仰だけでなく、卑劣な隠し事をも算段しつくします。なぜなら、依然として非常にいかがわしく困難なことの多い世界の歩みを解釈するには、進歩信仰ではあまりに善良すぎるからです。自分の生きている時代を、いや自分の生きている時代にとどまらず、とにかく時代を現実政策《レアールポリティーク》の面から解釈するよう、マキアヴェッリは手引きしてくれたのです。〔ただし〕それはあくまで手引きにすぎず、模倣のための処方箋として理解してはいけないでしょう。

マキアヴェッリは物事を包み隠さずに名指すことで、彼自身はマキアヴェリストに最も遠い存在です。マキアヴェリストであれば、政治活動の真の動機を隠すことに全力を尽くさなければならないからです。それゆえにこそ、真のマキアヴェリストであるプロインセンのフリードリヒ二世は、反マキアヴェッリの書を執筆する必要を強く感じたのです。「国家とは支配階級の業務を執行する委員会である」という命題からすれば、業務の執行それ自体は、経済の面からは説明がつきます。とはいえ、従来の業務執行のやり方は、ただ経済の面からだけでは理解できません。むしろこれこそ、マキアヴェリズム的な秘密政策の面から理解可能となるのです。通俗的で些末な予想をはるかにこえて、「政治というものは汚い仕事なのです」。

目的は手段を正当化するのかどうか、〔正当化するとすれば〕どの程度まで正当化するのかといった問いもまた、それとは逆の問い、つまり手段は目的の正当性を損なうのかどうかという問いとともに、至急精査してみる必要があります。原因は物理的のみならず道徳的にもまた、つまり目的因として「原因は結果に等しい」(causa aequat effectum)という命題に従い、結果とまったく同量のエネルギーと内容を持たなければならないのでしょうか。それとも、人間は目的に到達するために、手段の面で回り道をすることができるのでしょうか。つまり暫定的に自由を格下げすることによって、自由の王国の創造を促すことができるのでしょうか。もちろんこの場合の目的とは、後で非常に多くの自由が個人に対して与えられるという目的に限られ、また、そうした目的があらかじめ有効な場合に限られるのです。

手段と目的の関係は、マキアヴェッリの内にひそむ問題のひとつですが、彼とはまったく別の星の下では、つまり、広く流布している周知の意味でのマキアヴェリズムとは途方もなく隔たった所では、明らかにルネサンスの遺産のひとつとして議論できる問題なのです。

マキアヴェリズムを研究すると、マキアヴェリズムを軽蔑しつつもマキアヴェッリによって教えられますが、結局はマキアヴェッリを受け入れるのではなく、それとは反対の方向に向かいます。そして、このマキアヴェッリなくしては起こり得なかった正反対への転換を、つまりマキアヴェッリに反するもの（e contrario）を、偉大な自由主義的法学者アンゼルム・フォイエルバッハは、フランス革命の精神にのっとって解説しました。彼は一七九八年にその著書『反ホッブズ』の中で（『反マキアヴェッリ』という題名の方がふさわしかったでしょうが）、ドイツにはまれな仕方で国家権力の限界と抵抗の権利を定義しました。その際、彼はたとえ受動的な抵抗であっても、そうした抵抗から予想される無政府状態の方が、専制政治よりもまだしも耐えられる、と断言しました。一七九六年の『自然法批判』の中で、彼は今日に至るまで空前絶後の大胆さで、法を禁止の集大成としてではなく、権利の集大成としてすら定義しました。それゆえ、『君主論』の〔君主〕主権は、それとは逆の、つまり人民の主権に対して、〔結果として〕きわめてよく描かれた背景を提供したのです。

『君主論』で述べられている事柄は、ほとんど直接、経験的な領域に結びつけられており、成果をおさめてその正しさを確定するために、機会をそのつど利用することを教えています。支配権の概念それ自体を初めて徹底して考えたのは、マキアヴェッリのすぐ後につづくジャン・ボダン〔一五三〇—一五九六〕です。彼は支配権を、他ならぬ悟性のおかげで存在すべきものとして擁護しました。彼の著書としては、『歴史を容易に認識する方法』(Methodus ad facilem historiarum cognitionem 一五六六年)、『国家論六巻』(Six livres de la république 一五七七年) および『七賢人の対話』(Colloquium heptaplomeres 一五八八年) があります。法学は歴史学と民俗学の上に基礎づけられるべきとされており、この点でボダンはモンテスキューの先駆者であり、また環境説の先駆者の一人ともいえますが、彼はほぼ終始一貫して、反動の立場から周囲の状況〔環境〕を強調します。

とはいえ、それよりも影響力が大きかったのは、主権に関する彼の学説であり、なるほど革命的な尖端は折り取られているにせよ、そこでふたたび自然法的な思想が取り上げられるのです。〔その学説によると〕原初は自由奔放であった人民が支配に服しました。というよりもむしろ、人民があたかもひとりの支配者に服従して国家が成立したかのような印象を与えます。その場合、国家は裕福な一族たちの意志を体現します。その一族にはもちろん貴族の一族も含まれており、その下には意見を持たない民衆がいます。

この意志はしかし、裕福な一族たち自身によっては、つまり新旧いずれの金権政治によっても実行に移されません。むしろ権力はただひとりの主権者に委譲されます。主権者は法を制定する独占的な権利をもっており、その際みずからは法に拘束されません。これこそが主権の根本的な規定です。君主〔＝主権者〕の周囲には法の及ばない領域があり、君主自身にその責任を問うことは不可能です。なぜなら、いっさいの法の根源と源泉〔＝君主〕に対しては、法を適用することができないからです。

それゆえ、絶対主義を正当化するイデオロギーには二つの形態があり、いずれもすでに、古代ローマのカエサル主義においてあらかじめ形成されており、社会的基盤がまったく違っているにもかかわらず、後世になっていとも簡単にボナパルト主義へと移行したのです。〔その二つの形態とは〕まず第一に「君主は法から自由である」(princeps legibus solutus est) ということであり、第二に「権威が法を作る」(auctoritas facit legem) ということです。

これは、中世末期の政治的な唯名論とまったく軌を一にしています。その頃、オッカムはバイエルンの皇帝ルートヴィヒの宮廷で、さしあたっては教会に対して君主絶対主義の立場を唱えました。オッカムの先駆者ドゥンス・スコトゥスのことも、ここで思い起こしてみる必要があります。彼は神の内で、人間たちの間で、および人間の心理の中で、悟性に対して意志が優位にあることを教えました。そこではトマス〔・アクィナス〕の場合のように善そのものはなく、ただ制定によるひとつの善があるにすぎません。それゆえ、もしも神がシナイでモーゼに「汝ひとを殺しなさい、姦通しなさい、嘘をつきなさい、盗みをしなさい」といったとすれば、それはそのまま法となったであろうと、オッカムはいっています。それゆえ法とは、熟慮できるものではまったくなく、受け入れざるをえないものなのです。つまり、王の意志が最高の法なのです。それゆえ、理性《ラチオー》ではなくて、権威《アウクトリータス》が法を作るのです。

ボダンの場合、いまやこの唯名論が機能変化をこうむり、とりわけフランスの初期の絶対王政に適用されることになります。その適用は私たちには馬鹿げた印象を与えますが、当時は社会的な必然を的確に表現したものでした。その社会的な必然とは、封建貴族の力を抑えて市民階級を勃興させることです。

ところで、この絶対的な主権の学説を唱えて絶対主義のイデオローグとなった同一人物〔＝ボダン〕が、その興味深い著書『七賢人の対話』（『隠された秘密についての七つの対話』という皮肉な書名ですが）の中では、信仰のさまざまな文化的相違に対して無関心な態度を要求しています。絶対主義は自分の他にいかなる神々ももつべきではなく、それゆえ社会的な要請は明瞭となります。宗教は国家の内実としては消滅し、私事となるべきであり、邪魔だてされることなく国家権力を行使するために奇妙な寛容が生じます。ボダンはさまざまな信仰の信者たちとの対話において、例の三つの指輪の喩えを乗り越えてしまいました。レッシングのナータンは本物の指輪は確かにあると信じているでしょうが、ボダンにとっては、本物の指輪を探すことなどどうでもいいことのように見え、そんな話はすべて修道僧やラビやムフティー〔＝イスラム法学者〕同士の口げんかなのです。

大切なのは、いかなる信仰にも拘束されない国家における国家理性の方なのです。

要約すれば、ボダンにとっては、いかに国家契約や理性との親縁性をもっていても、法は自然法と対立するものであり、本質的に〔君主の〕主権の内に基礎づけられています。法とは彼にとって（それ以前のカンパネッラにとってとはまったく異なり）もっぱら上から制定されたもの〔行為の規範〕（norma agendi）であって、行為の自由を規定するもの〔行為の可能性〕（facultas agendi）ではありません。行為の可能性《ファクルタース・アゲンディー》とは、何かを、たとえばストライキや団体の結成や共同決定などを自由に行える権利であり、これに対して行為の規範《ノールマ・アゲンディー》とは、上から禁止し、行為の限界を指示する法のことです。そして、主権者は行為の規範しか知りません。

ボダンは「〔社会的な〕必然という圧迫の下でも、変更する必要のないほど神聖な法はない」といっています。この言葉はこの言葉で市民階級の進歩的な響きをもっており、事実またそうでありえました。とはいえ、それはまさに変更の源泉としての専制によってではなく、むしろ〔社会的な〕必然という圧迫、つまり上からではなく下〔＝人民〕から制定された必然という圧迫によってでした。もちろん下からの制定は、ボダンが提起した主権の概念それ自身によって、理論的にはきわめて容易になりました。この概念によって、絶対君主の意志から、ますます絶対的になりつつある人民主権への主権の移行と転換を、取り出し、取り上げることが可能になったのです。その限りで、ボダンは感謝に値するのです。

いまや私たちは、自然法の思想家たちにいっそう接近してゆくことになります。これまでボダンの場合には、権威に基づいた〔自然法への〕反対評価を、またマキアヴェッリの場合には、権力政治に導かれた反対評価をいくぶんなりとも見てきました。いまや近世の自然法思想は、その提唱者アルトゥスから始まって弧を描き、後に自然法として登場してきたものを本当に創造したフーゴー・グロティウス（一五八三―一六四五）に至ってもとどおり完結します。それ以降のことはすべて、もはや年代的にはルネサンスの哲学に属していませんが、その端緒はいっさいのものの息吹がそうであるように、なおルネサンスに発しています。

オランダに暮らしたグロティウスは、彼の説いた自然法から察せられるように、貴族階級の政党とはいえ、それなりに共和主義的であった政党の指導者でした。彼は著名な書『戦争と平和の法』(De jure belli et pacis 一六二五年）の著者であり、その中で初めて、諸国家に義務づけられた、何にもまして重要な法の基本思想を展開しました。ひょっとすると、それ以上に影響を及ぼしたのは、アルトゥスによって再び記憶の中に呼び起こされた国家契約説を、グロティウスが国際法の基礎として刷新したことの方かもしれません。つまり、個々人が元来もっている権利を秩序だった共同体に委譲するという学説は、ルソーの社会契約説を経てフランス革命に至るほど強い影響力をもったのです。

グロティウスは、「国家創設の目的は、友好的と見なされる共同体へ向けられた欲求、つまり社交の欲求（appetitus socialis）を秩序正しく満足させることである」、と教えます。ここでふたたび自然法が、譲渡しえない人間の諸権利についての教えとして呼び戻されます。国家は、そうした諸権利を保護監督すべきなのです。真の法は、契約を取り結ぶ人たち、つまり諸個人と彼らから委託を受けて秩序ある共同体を作る人たちとの意図から推論されます。グロティウスは、「これまで契約の中に成文化されてきた契約者の意志とは何だったのか」、と問います。このようにして、彼は真の根源的な法を、拘束力をもって推論し、決定的に演繹することができると信じるのです。とはいえ、その法は、すでに文書化された、今ここで通用している法とは、ずいぶんと違ったものかもしれません。

根源的な法は、原始の人々が国家創設のために結んだ契約に基づいて求められます。もっとも、この原初の契約に由来するいっさいの革命の危険に対しては、貴族階級の代表者であるグロティウスは一線を設けています。原初の契約者たちの意志にそった、真の諸権利を強く請求できるのは、人民ではなくて、せいぜい〔人民の〕身分の代表にすぎません。とはいえ、このグロティウスが設けた依然として貴族主義的な、近世封建主義的ではないにせよ君主制的ですらある制約を捨て去るとすれば、彼の国家契約説自体は、イギリスやフランスの革命への衝撃をはらんだものとなります。なぜなら、契約の思想は、契約者が約束を履行しない場合は、契約を破棄する権利を内に含んでいるからです。太古の人々がかつて取り決めたことを、もしも政府当局が履行しないならば、もはや人々はその契約に拘束されません。

グロティウスの国家契約説において大切なことは、次の点を押さえておくことです。すなわち、ここではある根本的な欲求が、史実ではなく虚構である太古からの国家契約説において、同様に史実ではなく虚構として前提されています。それは友好的な性質をもった根本的な欲求、つまり社交《アペティーッス・ソキアーリス》の欲求です。この友好的な衝動、つまり平和な共同生活を望み、ただ有益なだけでなく、万人の善意によって担われた共同体を目指す衝動は、事実また期待されている国家像全体に、ある種の暖かみ、ある種の友好的な熱を注ぎ込みます。グロティウスは、利己心と、利己心によって特に煽られる攻撃性を無視して、著述しています。グロティウスは攻撃性というものを少しも書き留めていませんし、それによって攻撃性を不変のものとして確定することもしませんでした。それに対して、彼は自然法という要請を不変のものとして賞賛するのです。自然法においては、国家という怪しげな概念は、名実ともに正しい万人の共同体――ストア学派のいう「善き共同体」(koinonia)――によって用済みとなるのです。

事態に変化が現れるのは、合理的な計算をする機械論がまったく冷静に事物を構成し、人間の本性に関する幻想と称するものを捨て去ろうとするときです。そのようなやり方で、マルクスの言葉を借りれば「悟性の仮借のない力をもって」、法哲学と自然哲学の分野をひきついだのがトーマス・ホッブズ(一五八八―一六七九)です。

彼はその著作『法学要綱』(Elements of Law Natural and Politic 一六三九年)、『リヴァイアサンまたは政府の素材、形態および権威について』(Leviathan or the Matter, Form and Authority of Government 一六五一年)の中で自説を詳しく説明しました。リヴァイアサンとは、ヨブ記に登場する鯨の名前にちなんだ海獣であり、ここでいう海獣とは国家のことです。それにつづいて晩年には、三部構成の体系的著作『哲学原理』(Elementa philosophiae 一六六八年)を著します。その第一部は『物体論』(De corpore)、第二部は『人間論』(De homine)、第三部は『市民論』(De cive) です。

ホッブズの生涯はルネサンス期から、つまり彼がもう十二歳だった一六〇〇年のジョルダーノ・ブルーノの火刑から、ヴォルテール生誕の年である一六九四年頃までにわたっています。ホッブズは、生き方と考え方の点でジョルダーノ・ブルーノと正反対ですが、ブルーノと同様に世界内在的な立場をとっている点で、両者はなお結びついています。ホッブズの卓越したところは、数学的‐機械論的唯物論を初めて理路整然と体系化した大胆な首尾一貫性にあります。

機械論的唯物論といえば、本質的には十八世紀のフランス唯物論の形態に集約されるのが習わしでしょう。確かに政治的影響や広がり、通俗化の度合いで見ればその通りですが、首尾一貫した連関の中で見れば、デモクリトス以来の機械論的唯物論は、ホッブズにおいて初めて復活したのです。とはいえ、古代の唯物論とはまったく異なった根本要素をもっています。ホッブズの思想の三つの根本要素を簡単に概観して、それを示すことにしましょう。

第一の要素はホッブズが堅持したもので、「認識はすべて産出である」ということです。古代の奴隷制社会においては労働が蔑視されていたため、この要素はおそらく理解されなかったでしょう。産出の理論の原動力となったのは、近代になって始まりつつあった工場における大量生産でした。産出への衝動そのものが、製造者、生産者、工場主と関連していることは明白です。認識論において産出のモデルとなっているのは、もちろん、コンパスと定規を使った数学的な構成です。

それゆえ、第二の要素は数学です。ここに数学を顧みなかったベーコンとの違いが現れます。この違いは哲学に重大な影響を及ぼしました。数学はホッブズにとって基礎科学だったのです。いずれにせよ、数学はその当時経済上の理由から原価計算としてその効力が現れ始めていました。開放的な見通しのきかない市場では、計算することが要求されます。つまり、市場が閉鎖的で需要が確定した閉鎖的な経済では、不必要な、収益率の計算が不可欠だったのです。このように、数学はまず商品の運動を計算する学問として、それから物体一般の運動を計算する学問として適していたのです。

第三の要素は合理論（Rationalismus）です。それも、「認識はすべて産出であって、模写などではない」という、まさに観念論の枠には必ずしもとどまらない根本命題から出発しています。このような純粋悟性の産出的合理論の内では、超越的で宗教的な内容が占める場はもはやまったくありません。ここで「理性」（Ratio）という言葉は、「精神」（Geist）つまり「ロゴス」（Logos）という言葉との関連を完全に断ち切っているのです。ヨハネ福音書のロゴス、フィロンのロゴス、グノーシスのロゴスの場合は、「精神」という言葉は、神学的な意味を帯びていました。その後ヘーゲルにおいては、市民階級的な理性《ラチオー》がフィロンやヨハネの精神《ガイスト》と再会しますが、これはヘーゲルが経験的‐抽象的な悟性と、世界精神としての具体的な理性を、区別しながら結びつけたためなのです。

ホッブズの数学的産出の理性は、まさに物体の運動を解く鍵であり、その〔理性と精神が出会う〕ための余地はまったくありません。いたる所、また全体としても、根本的に〔質でなく〕量に関わっているにもかかわらず、ホッブズにとっては多種多様な物体の運動が存在します。数多くの物体が、すなわち、幾何学的な物体、私たちの内にある心理学的な物体つまり諸感覚、社会の個体としての市民が存在するからです。確固とした学説はすべて諸物体中の一者を取り扱うため、総体としての哲学がここで徹頭徹尾市民《キーウィス》も含めた物体の運動に関する学問になるのです。

この哲学はさらに、目的と意図を説明の根拠として排除しますが、ただ最後の市民の場合だけは必ずしもそうではありません。ホッブズの場合、目的は自然の内では否定されますが、市民の事柄の内では、国家を形成するものとして、個体と呼ばれるあの運動要素からとりわけ鮮明に現れさえします。とはいえ、ホッブズの人間学の出発点は、グロティウスのいう社交の欲求ではなくて、人間同士を互いにせき立てる自己保存の欲求です。それゆえホッブズは、「人間は人間にとって狼である（homo homini lupus）。そうした野蛮な自然状態から個体を救うには、服従契約としての国家契約しかない。なぜなら、狼たちの間での自発的な合意など、幻想にすぎないからである」、と言うのです。

個体はお互い自分の支配力だけは守ります。ホッブズによれば、個々の狼たちは自己保存のために、一匹の最上位の狼に服従します。それはきわめて現実的な目的、つまり共同体に適応不能なバラバラな狼でいつづけなくてもよいためにです。それゆえ、陰険な眼差しが、人間の本性と、それを強引に共同体へ適応させることに対してそそがれます。その眼差しは、自然法のまっすぐな歩みと関係がないのと同様に、社会的なユートピアが描く幸福のイメージともほとんど関係がないのです。

ホッブズが当然の権利として要求できることといえば、自分を取りまく目下の情勢について誤魔化さないこと、そして啓蒙の立場に立つ以上はその情勢を遠慮なく指摘すること、君主と国家一般をひったくりの野蛮な盗賊団と同一視することくらいでした。こうした正体暴露の姿勢のために、おそらくイギリスのある国王は、ホッブズの『リヴァイアサン』と『市民論』ほど、不信心あるいは悪魔的で背信的（so impious and treacherous）な書物を知らない、といったのでしょう。

産出としての思考

では、ホッブズの学説の内容に立ち入ることにしましょう。繰り返しますが、作ること、産出することは、ホッブズにおいて初めて鮮明に際立てられるのです。それとともに私たちは、ある歴史的な瞬間を迎えます。その瞬間、貴族社会にその価値が認められなかったこと、つまり労働、作ること、生み出すことが、市民の誇りとなるだけでなく思想家の名誉にもなり、また名誉となるだけでなく、世界を解明する道具にもなるのです。

プラトンの、イデアを観想するが産出はしない直観は、これでしばらく幕を閉じることになります。それゆえ、作ることへのパトスが現れてしだいに高まっていき、ついにホッブズは影響力の大きい命題を定式化します。すなわち、「私たちが対象を認識できるのは、私たちがその対象をみずから産出した場合に限られる」と。数学の対象はすべて私たちが産出したものですから、私たちはその原因に至るまで認識することができるのです。こうして、ここでは数学が世界を解明する際に必ず用いられる道具《オルガノン》と見なされます。そしてその世界とは、私たちが産出したかぎりで認識できる自然のことです。

もっとも、ジャンバティスタ・ヴィーコ(一六六八―一七四四)は、ルネサンスからずっと後になって、近代最初の自覚した歴史哲学者としてこう指摘しています。「私たち人間は自然を作ってきたのではなくて、逆に歴史を作ってきたのだから、産出を自然としての世界に関連づけることはできない」と。そして、マルクスはこれと同じ趣旨で『資本論』第一巻第十三章(の注)においてヴィーコを引き、「人間の歴史と自然の歴史の区別は、前者はわれわれが作ったが、後者は作らなかったという点にあるから」、自然に比べて歴史の方がより簡単に認識できると強調するのです。

産出に関する根本命題は、もちろんホッブズ以後、それを指針として含むカントの認識論に至るまで、しだいに観念論的になってゆきました。ホッブズの場合、この根本命題はまだ観念論的な性格を帯びていませんでした。その証拠に、産出するものとして数学は、思想の媒体となって、自然の機械論的運動を模写するものであって、カントのように自然に手本を示すものではないのです。自然同様にホッブズにとって、自然の諸関係内で機械論と結びついた量的なものは、(カントの場合のように)総合的悟性による成果ではなくて、客観的‐実在的に見いだされた量的存在にすぎません。

いずれにせよ、数学は当時まだ純然たる諸関係を扱う学問ではなく、量に関する学問でした。ホッブズ以後の微分でさえもが、とりわけ無限小の概念を、つまり量の概念を表していました。量的なものの内にこそ決定的なものがあるのであって、それゆえ、ホッブズの場合、認識はすべて量をもった対象へ向かうのです。しかも――ようやくここでデモクリトス的なものが現れますが――量としての物体の諸関係や運動に向かうのです。量をもった対象とは幾何学的な物体であり、円であり、平面です。しかしまた、多角形もそうであり、当時すでに普通に立体と呼ばれていた立体幾何学的な形成物もそうです。幾何学的な図形はいわば素材を詰め込まれ、この詰め込みがなければ生彩を欠いた素材の模像にすぎないのです。

量的なものの実在的な客観性、ホッブズにおける唯物論的なものは、もちろん、量的‐機械論的思考だけが近づくことができるものです。その限りでは、もちろん観念論的な部分は差し引いてですが、ホッブズはすでにもう、カントの次の主張を唱えることができたでしょう。すなわち、「どんな学問においても、数学と同程度の学問が、何よりも量に関わる学問が見いだされなければならない」と。

運動説と発生的な定義

その他の点ではきわめて注目に値する新しいとらえ方、つまり実在の論理に関わるとらえ方も、〔認識と〕同様に産出という機械論的制約を受けています。ホッブズは認識の産出としての性格に応じる形で、科学的思考の定義を発生的なものとして定式化します。つまり、記述的な定義、徴表《メルクマール》に従って個体をそのつどより高次の類へ包摂する定義としてはとらえません。諸概念の定義は、それに対応する概念対象の発生を表現しなければなりません。この発生的な定義はもちろん、機械論者のホッブズの場合、ただ数学的な構成で説明されるか、さもなければ自然科学的な解明で説明されるにすぎず、けっして歴史的過程に則したものではありません。

それゆえにまた、〔ホッブズのとらえ方は〕数学を例にとって説明するのが最善でしょう。たとえば、円を記述的に定義するとすれば、「円とは境界線がどこでも中心から等距離にある平面図形のことである」、という風になります。確かにこれは異論の余地のない規定ですが、発生的な定義はそれ以上のことを行おうとします。今の例で定義すれば、「円とは線分をその一方の端を中心にして回転させることによって生じる平面図形のことである」、という風になります。とはいえ、たんに数学的で機械論的なものでさえ、「生成に従って発生的に定義せよ」というホッブズの要求には、少なくとも歴史的性質を帯びた〔生成〕過程を規定する萌芽が含まれています。そうした過程の諸規定の内、これまで行われた最も偉大で影響力の大きい定義は、マルクスによる商品の定義です。

それゆえ、認識論への産出概念の導入が、あらゆる観念論の影を越えてどんな意義を獲得したか、またどんな意義を今なおもっているかわかるでしょう。その際さらに明らかになるのは、ホッブズの自然哲学に一貫して流れている運動への衝動によって、ホッブズ自身がいつもの機械論の立場を突破せざるをえなくなり、弁証法的アプローチをしばしば拒否できなくなるということです。「原因は結果に一致する」(causa aequat effectum) という根本命題と、それをさらに質的変化を加えずにひっくり返した「結果は原因に一致する」(effectus aequat causum) という根本命題があるにもかかわらず、さらにまた目的を――とりわけそれが目的因という形で現れる場合はなおのこと――全面否定しているにもかかわらず、弁証法的アプローチが不可避になるのです。

それゆえホッブズには、運動に関するきわめて弁証法的な命題が見られます。それはほとんどエンゲルスの有名な命題の、ラテン語訳のように聞こえます。というのもホッブズは、運動に関して、

「運動とは《ある場所を断念、放棄して別の場所を獲得すること》(unius loci privatio et alterius acquisitio)である」、といっているからです。放棄(privatio)と獲得(acquisitio)がこの場合は一つのものになっているのです。

エンゲルスによれば、運動が弁証法的なのは、物体がある場所に存在すると同時に存在しないからです。これが運動の概念における弁証法的な矛盾です。この「同時」の内に、まさに問題とトリックがひそんでいます。エンゲルスの場合もそうです。ある物体の運動は、異なった場所での「同時」を引き起こす場合にのみ、厳密な意味で弁証法的です。ここに、熟慮に値するさまざまな困難が始まります。それは常識人には、この場合なら俗っぽくて頭の固い人間には理解しがたい困難です。

マンデヴィルとアダム・スミスに与えた影響――喪失と進歩

さて次に、ホッブズのこうした考え方の影響を見ていきましょう。「人間は人間にとって狼である」という命題によって、自己中心的《セルフィシュ》な体系《システム》、十八世紀以来呼ばれてきた言葉を使うなら利己主義的な体系が、資本主義のもとでの社会および経済の営みの根本要素として、初めて書き留められたのです。その体系はさらに、マンデヴィル(一六七〇―一七三三)にいたっては時には皮肉に聞こえ、ほとんど冷笑的といった感すら与えます。*マンデヴィルはイギリスで成長しイギリスで生涯をおくったフランス人でした。そして偉大な経済学者で、ブルジョア経済学を創始したアダム・スミス

(一七二三―一七九〇)にあっては、楽観的印象を与えるものでした。

マンデヴィルはホッブズから決定的な影響を受けて、一風変わった書を著しています。この書物にはマルクスもかなり深入りして取り組んでいました。その書物は一七一四年に出版され、書名は『蜂の寓話、あるいは個人の悪徳が社会の利益を産む』(The Fable of the Bees or Private Vices Made Public Benefits)といいます。その中でマンデヴィルは寓話の体裁をかりて、巣箱を一つにまとめているのは利己主義に他ならないことを述べています。非の打ち所のない真面目な蜂たちが現れるやいなや、巣箱の生活全体が止まってしまい、破局が訪れます。これこそ事の真相なのです。つまり、多くの悪がしこい連中が手を組めば、見かけは法治国家のようなものが出現するのです。

これと同様のモティーフが、アダム・スミスの有名な主著『国富論』(An Inquiry into the Nature and Causes of the Wealth of Nations 一七七六年)において現れます。ただし今度は、風刺的な要素は取り除かれていますが、相変わらず逆説的に、しかし信頼のおけるやり方で、ライブニッツのいう予定調和の要素と混ぜ合わされています。諸個人がもっぱら自分の得だけを、自分の利益を手に入れることだけを考えることが、自由競争の法則および需要と供給のバランスに従って、消費者に善行を施すことになります。誰も他人にひけを取りたくないし、また、いいモノをより安く生産することでしか利益を得ることはできないので、商品をよく見て選んでから買うひとは得をするのです。これは需要と供給のメカニズムの自然法則に従っており、その際に*諸目的の異常生殖《ヘテロゴニー》のようなものが行われます。つまり、まったく意図していなかったことが、自分の目的を追求していくうちに浮かび上がってきます。

このようにして、資本主義的で個人的な生産様式の目論見にまったく入っていなかった新たな目的が、つまり、万人の欲求を最大限に満たすという目的が、生じてきます。ルカーチがいうように、上昇期の資本主義にあっては、それはまたかろうじて、おぼろげながらも進歩的に見えたかもしれません。アダム・スミス自身としては、その点で明らかに事実を隠蔽する者という意味でのイデオローグではなく、せいぜいいまだ虚偽意識〔＝イデオロギー〕を抱く者という意味でのイデオローグでした。とはいえ、私的な利己主義が善行をもたらすという彼の説は、今日の西欧の資本主義においては、究極的には事実を覆いかくす形でのみ存続することになります。

スミスが私的な利己主義を因果関係のもとでとらえたそのきわめて冷静な態度といえども、資本主義によって広がり頂点に達しつつあった人間の狼のような本性を、他ならぬホッブズが徹底して例証して見せなかったならば、おそらくありえなかったでしょう。そして、商売上手な利己主義こそが、この時代の社会を動かす決定的な原動力である、というスミスの冷静な主張は啓蒙的ですが、他方で、その利己主義は結果として善行だけをもたらすと主張することで、すでになされた洞察は再び閉ざされてしまうのです。

同様にホッブズもまた、確かに彼の時代と後の時代の国家を狼のような本性で特徴づけて真相を暴きはしましたが、しかし彼は、その狼のような本性を歴史的な産物として把握せずに、人間一般に帰属させることによって、みずからその真相を暴いた国家を啓蒙に反してふたたび正当化することになるのです。ルネサンスの哲学における、自然との質的な関係に由来するもの、したがってブルーノや、ましてパラケルススに由来するものの多くは――『ファウスト』の独白においてきわめて意味ありげに想起されるものは――ホッブズの場合失われてしまいますが、香煙なき内在*という立場は際立ち、これに政府当局に配慮した探偵的な要素がしだいに加わりました。

事実マルクスは『聖家族』の中で、まさにルネサンスの哲学の唯物論に見られる内在的立場の根源的な豊かさについて語り、さらに、その内在的立場が貫徹されているにもかかわらず、いやまさにそれゆえにこそ、その豊かさが魔術から解放されるとともに冷却されてゆくこと（冷たい理性cool reason）について、次のように語っています。

物質に生まれながらに備わった様々な性質の中でも、第一の最も優れた性質は運動である。しかも、その運動はただ機械論的で数学的な運動であるだけでなく、それにもまして衝動であり、精気であり、また活力であって、ヤーコプ・ベーメの表現を借りるならば、物質の苦悩としての運動でもある。こうした運動の原初的な形態は生き生きとした力、つまり個体を生み出し、特殊な差異を生み出す本質の力なのだ。唯物論の最初の創造者ベーコンにあっては、唯物論はまだ素朴な仕方で多方面に発展すべき萌芽を内に秘めていた。物質は詩的で感覚的な輝きをもって、人間全体にほほえみかけている。唯物論は、その後、発展してゆくにつれて、一面的になる。ホッブズはベーコンの唯物論を体系化した人である。〔しかし〕感性はその華やぎを失い、幾何学者の抽象的な感性へと変化する。肉体の運動は機械論的あるいは数学的な運動の犠牲にされ、幾何学が主要な学問だと宣言される。唯物論は非人間的となる。非人間的な、肉体のない精神を、精神固有の領域で克服しうるためには、唯物論は自分の肉欲をおし殺して、禁欲者にならなければならない。唯物論は、ひとつの悟性的存在として現れるが、悟性の仮借のない一貫性をも発揮するのである。

この〔マルクスの〕回顧の内には、悟性の抽象というメカニズムによって感性の華やぎが失われたことへの、かすかな悲しみのトーンが確かに聴き取れます。しかしまた同様に、もはや機械論的ではなく弁証法的な、質にねらいを定めた唯物論の流れに棹さして、ヤーコプ・ベーメの源泉〔＝苦悩〕、質への眼差しを思い起こさせ、そうした質的唯物論の再生《ルネサンス》に注意を呼びさますマルクスの、至極当然な喜びも、この回顧のうちにはしかと聴き取れるのです。

十　ジャンバティスタ・ヴィーコ

では、もうひとりの哲学者について手短にお話ししましょう。その哲学者が生きたのはずっと後の時代、つまり一六六八年から一七四四年にかけてでした。際立って遅れを取ったにもかかわらず、ルネサンスの哲学者のひとりに数えることができる人物です。その名をジャンバティスタ・ヴィーコといい、ホッブズの産出説に対してそれを逆転させる仕方で応答しました。

ヴィーコのいたイタリアでは、ルネサンス初期の息吹がふたたびよみがえり、ルネサンスの哲学は大きな弧を描いて生誕の地で完結します。ずっと後の時代であったにもかかわらず、このイタリア人にはなおブルーノの息吹が、さらにまた壮大なルネサンスの息吹が息づいています。ヴィーコの内にはなお古代ローマの歴史と、古代ローマ人の愛国心が生きつづけ、質を重視する思考がさらにそれにつけ加わります。その思考は、ルネサンスの時代にイタリアの自然哲学の中で発展したものでした。

ヴィーコは孤立無援で、いまだに才能を認められていなかったどころか、まったく無名のままでした。それも何十年、いや何世紀もの長い間にわたってです。彼の主著はまったく反響を呼びませんでした。しかも『諸国民に共通の自然本性についての新しい学の諸原理』(Principi d'una scienza nuova d'intorno alla commune natura delle nazioni 一七二五年)という、ファンファーレのように明快で明瞭な標題であったにもかかわらずです。標題の『新しい学』は、ベーコンの『ノーヴム・オルガヌム』に相当しますが、ヴィーコの場合は学問の道具ではなく、学問の内容を指しています。

この著作はヘルダーに影響を与え、書名こそ挙げられていませんが、彼の『人類史の哲学の構想』に作用を及ぼし、さらにヘルダーを経由してヘーゲルにも影響を与えています。すでに述べたように、マルクスはこの間の事情をよく知っていて、『資本論』第一巻の注で、運命が支配する自然に代わる（人間が）創造することのできる歴史というヴィーコの言葉を、賛同の気持をこめて引いています。ベネデット・クローチェは、新ヘーゲル派のひとりとしてナポリで活躍した自由主義末期の人ですが、一九一一年に刊行した『ジャンバティスタ・ヴィーコの哲学』において、ふたたびこの人物へ関心を呼び起こしました。そして最後にエーリヒ・アウエルバッハは、ヴィーコ（の学説）を発生形態論と結びつけました。

ヴィーコの学説の要点は次のようなものです。ヴィーコはガリレイとホッブズの「人間は自分で産み出したものしか認識できない」という根本命題を正しいものと認めます。しかし、そこで驚くべき重要な転換が行われます。ある対象は、私たちがそれを産み出した限りで認識できるとすれば、自然はまさに認識することができません（なぜなら、自然ほど私たちの作為が加わっていないものはないからです）。逆にすべてが私たちによって作り出される歴史と、これまで継子扱いにされてきた文学だけが認識することができ、したがって歴史学だけが唯一厳密な学問となるのです。

ヴィーコは歴史のなかに質的な変動過程を認識しようとしましたが、確かにそこには、ブルーノの自然哲学のような、質を重視する自然哲学の影響が少なからず認められます。ヴィーコの歴史哲学自体には先駆者がいました。アラビア人イブン・ハルドゥーンで、チュニスに生まれ一三三二年から一四〇六年まで生き、ヴィーコのように孤独の内にあって、哲学的普遍史の著述に着手しました。ヴィーコが彼のことを知っていたかどうかは、はっきりしません。

ヴィーコとともに、アウグスティヌスの『神の国』以来初めて歴史哲学が再登場します。もっとも、アウグスティヌスとは違って救済史は欠けていますが、「宗教という紐帯がなければ人間らしい共同体は成立しない」という、歴史全体に関わる主張はもっています。ヴィーコは歴史を数幕からなるドラマと見ていました。最初期、つまり太古の時代は神権政治の時代で、この時代を特徴づけたのは、「人間は人間にとって狼である」とか〔国家〕契約とかではなくて、愚鈍さと恐怖と呪術的信仰でした。当時は言語もまた音を使った絵画のようなものとして成立し、詩的な智慧に満ちあふれていたのです。韻文的言語が散文的言語に先だっていて、それは畑をたがやす際に、土壌の生産性や種まきに最も適した時期を考量する理性《ラチオー》に先だち、豊作祈願のまじないが行われていたのと同様です。

そうした考えは、後のおそらくヴィーコとは何の関係もないドイツの《魔術的啓蒙主義者》ハーマンも抱いていました。このハーマンはハーマンなりに、ヘルダーや疾風怒濤期の人々に多大な影響を与えています。詩文は人類の原言語であり、豊穣を祈る儀式、魔術、呪文は技術的理性に先だち、万物は神権政治下の原始社会の、おぼろげな、極彩色に彩られた、沸き立つ霧の中に包み込まれていました。太古の法についても同様のことがいえます。それは、古来より守り伝えられてきた古判例集という形をとって、もっぱら韻文的表現の香りで包まれています。冷徹な法が作られるようになるのは、ようやく後のローマ時代になってからでした。

この〔太古の時代の〕後に英雄の時代、貴族政治の時代、古代ギリシャのホメロスが生きた貴族の時代、要するに、いわゆる封建主義の時代がつづきます。貴族の時代は、ギリシャ人やローマ人の間で民主制が形成されることによって、そして何よりも非韻文的なローマ法が成立することによって終りを迎えることになります。なぜなら、ローマ法によれば、ローマ市民はすべて平等であるとされたからです。その後、古代民主制という歴史的段階は解体して、実りの多い生き生きとした新しい野蛮へと移行し、中世の封建制とそれによる英雄時代の再来ともいうべき十字軍へと至ります。

近代においては、ふたたび非野蛮的で冷徹なものが、近代の諸国家、いわゆる市民社会初期の諸国家の、共和制や専制君主制のもとで貫徹されます。要するに、こうした歴史の発展には、進歩というものが見られます。もちろん偉大な英雄たちや彼らの偉業という犠牲を払っていますが、より多くの人々が人としての幸福を享受できるようになりました。

十八世紀においては、こうした歴史哲学が珍しいものであったことは疑いありません。事実、歴史哲学は正当には評価されませんでしたが、それは当時の自然科学の、とりわけ数量化をおこなう思考の流れの外にあったからです。ヴィーコは徹底した観念論者で反唯物論の立場を貫くだけでなく、自分の書いた歴史ドラマは神の計画によって進行していると信じた限りで、依然として神学さえも引きずっていました。

彼はデカルトに対して戦いを挑みましたが、それは、彼が生きた時代の合理論、合理的‐数学的なものに対する戦いだったといえます。とはいえ、歴史はただ人間によってのみ作られるという彼の説には、ルネサンス以来の独特なプロメテウスの響きが、つまり、人間が産み出したのではなく神が創造した歴史に対する反抗的な姿勢が——すなわち、人間のなせる業へのパトスが溢れ出ているのです。

われわれの眼からはるか彼方の古代をふさぐこの漆黒の夜の闇の中で、沈むことを知らない永遠の光が現れる。けっして疑うことができないあの真理の光が。その真理とは、この歴史的な世界はすべて確かに人間によって作られたということである。それゆえ、歴史の諸原理は、われわれ人間に固有の精神の諸様態の内に探し求めることができるのだ（事実また探し求められなければならない）。次のような事態は、それについて熟考すれば、誰もが驚くに違いない。すなわち、ありとあらゆる哲学者が、自然界の学問を獲得することに、何と大真面目に汗を流して来たことか。自然界が神の創造したものであるならば、それを知る者はひとり神のみであろう。それにひきかえ、諸国民の世界について、さもなければ歴史的な世界について、それは人間たちが創造したものであるから、人間たちが認識できるにもかかわらず、何と思考をおろそかにして来たことか。この驚くべき結果は、人間の精神の貧困から引き出される。なぜなら、*人間の精神はその貧しさのあまり……本来ただ物体のような物だけを見る性向をもち、みずから〔＝精神〕を把握するには、あまりにも多大な努力と骨折りを必要とするからである。それは、肉体の眼がみずからの外にある物なら何でも見るのに対して、みずからを見るためには鏡を必要とするのと同様なのである。

訳注（上の数字はページ数を示す）

12 ＊超越的行為の活動的な活性化と超越の解体　超越的行為は現状を乗り越えることだから、哲学や思想にとっては本来的な営みである。ヨーロッパでは、ブルーノが無限宇宙を唱えるまでは、宇宙は地球を中心にして七つの天体が同心球状に取り巻き、その外側を不動の恒星が取り囲む閉鎖的な天球と考えられていた。神は宇宙（世界）の外に超越的に存在し、みずからは動かぬ動者として、万物の本質（原因）として、天上から影響を及ぼすと考えられていた。したがって、超越的行為を宇宙の外へ向かって行うなら、人間の本質を神に置き入れることになり、宗教的な自己疎外におちいる。ブロッホは、ブルーノが無限宇宙を唱えて宇宙の天蓋を取り除き、宗教的超越を解体して超越的行為を世界内在的に行ったことを評価する。なお「彼岸」という言葉は「超越」に、「此岸」という言葉は「内在」と関連づけて用いられる。

＊＊恋愛歌人　ミンネゼンガー。中世ドイツの宮廷で女性への恋愛奉仕を歌った恋愛歌《ミンネザング》の作者の総称。主に騎士階級の出身で、詩を作詩・作曲し、演奏して歌った。ここでは宇宙にそそぐブルーノの熱いまなざしを恋愛歌人のそれになぞらえている。

20 ＊恋愛奉仕　前注参照。

21 ＊啓蒙　「啓蒙」を表すドイツ語の Aufklärung、英語の enlightenment の元の意味は、「光を照らして明るくすること」。つまり、理性の光で無知の闇を照らし、「人間がみずからに責任のある未熟さから脱出すること」（カント）。

24 ＊完成態《エンテレケイア》　元は「みずからの内に目的をもつもの」の意で、「目的が完全に実現された状態」も意味する。

アリストテレスにおいては、質料においてみずからを実現する形相。とりわけ有機体の内にあって、みずからを実現してゆく力で、その最初の完成態が霊魂とされた。

26 *普遍的霊魂　アヴェロエスは霊魂を普遍的霊魂と個人的霊魂に分け、前者は永遠に不滅であるが、後者は肉体の死によって消滅するとした。

27 *物質　元のドイツ語はMaterie。「形相」(Form)の対概念として使用される場合、通常は「質料」と訳されるが、ブロッホは唯物論を念頭に置いているので「物質」の訳語を当て、「形相」との関連を示す必要がある場合は、「質料」の訳語を〔　〕内に併記した。物質の概念に関しては、能産的自然との関連で、本文四七頁以下で詳細に論じられる。四八頁の注も参照。

**形相を与える者　本文四八頁以下参照。

33 *ひとりのならず者　ヴェネツィア貴族ジョヴァンニ・モチェニゴのこと。

**ローマの裁判書類は今日に至るまで……　ローマの裁判書類が長らく非公開であったことは事実のようだが、二十世紀に入って法王庁が資料の公開に応じ、一九四八年にその全容がほぼ解明された(清水純一『ジョルダーノ・ブルーノの研究』創文社、一九七〇年、三〇八ページ以下参照)。

43 *対立物の一致　クサーヌスの根本概念のひとつ。神は無限で絶対的な最大者であり、神の内ではすべての対立と差別は解消して、最大者と最小者は一致するとする。

45 *無限な此岸というパラドックス　彼岸(超越)は有限で閉鎖的な宇宙を前提とする。その場合、此岸(内在)は有限な宇宙の内に限られる。しかし、天蓋が取り除かれれば、宇宙は無限になると同時に、無限な宇宙のすべてが此岸になる。このことをパラドックスと呼んでいる。

**七枚の外皮をもったタマネギ状の世界　ブルーノが無限宇宙を唱えるまでは、宇宙は地球を中心として七つの天体が、つまり月、水星、金星、太陽、火星、木星、土星が、同心球状に取り巻く天球と考えられていた。そのことを比喩的に表現したもの。

47 *世界霊　元のドイツ語は Weltseele で、ラテン語 anima mundi の訳語。「世界霊魂」、「宇宙霊」とも訳す。他のルネサンスの思想家にも見られる概念で、万物に宿る神的な力、一種の生命的なエネルギー。

48 *この点に関して……　以下の引用については、加藤守道訳『原因・原理・一者について』（ジョルダーノ・ブルーノ著作集3）東信堂、一九九八年を参照した。

**永遠不変の物質原理　以下の発言においては、結論として物質が「唯一の実体的な原理」として立てられ、アリストテレス以来の形相‐質料の二元論は、この原理の内に解消される。しかし、本文全体として見れば、物質を形づくる形相原理として、世界霊が立てられていることに注意が必要である。物質の概念に関しては、物質（Materie）は質料の一般的定義に見られるような「形相をかたどるためのたんなる蠟」（本書二七頁）、たんなる素材（Stoff）ではなく、経験的な物質の元にある根源的物質（Urstoff）、そこからすべての形相が生まれ出る母胎（māter）として理解される。

49 *現実態《アクトウス》　元のギリシア語は actus。「可能態」（dynamis）の対概念で、この意味では一般に energeia の語が用いられる。この文脈では「完成態《エンテレケイア》」ともほぼ同義。二四頁の注参照。

**別の箇所　第二対話から引用している。

50 *詩人　古代ローマの代表的な詩人ウェルギリウスのこと。

51 *第八の、第九の、第十の、そしてその他の天球層の壁は……　七つの天球層の回りには、さらに三層の恒星天があり、これを数えれば全部で十の天球層があることになる。四五頁の注参照。

52 *あるイギリスの自然研究者の要請に従って……　自然研究者とはダーウィンの進化論の普及に努めた生物学者トーマス・ヘンリー・ハックスリ（一八二五―九五）のこと。ヤコブはイサクの子で、一杯の煮豆と引き換えに、双子の兄エサウから長子相続権を奪った。神学のヤコブたちとは、十九世紀に台頭した機械論的唯物論の代表者ルートヴィヒ・ビューヒナー、フォークト、モレスコットらを指す。
54 *鍛冶職人として、地上での自分の幸運と……　ことわざ「だれもが自分の幸運の鍛冶屋」（幸運は自分の手でつかむもの）を踏まえている。
58 *予象　ブロッホの美学において、過去の優れた芸術作品が未来のユートピアの形象を先取りする現象。ここでは自然現象の内にも、予象が解読されずに残されていることを指摘している。
61 *アルバの支配様式　アルバはスペインの将軍。一五六七年ネーデルラントの執政に就任して、スペインの絶対主義支配に抵抗する新教徒勢力を弾圧し、十分の一税などの租税制度を導入して圧政を行った。
**ムーア人が義務を果たしたら帰らせて……　シラーの戯曲『フィエスコの反乱』中の「ムーア人は仕事を終えたら、立ち去ることができる」に基づく。正しくは「義務（Schuldigkeit）を果たしたら」ではなく「仕事（Arbeit）を終えたら」。人を利用するだけ利用して、お払い箱にする時のセリフで、ムーア人は黒人の古称。
64 *「ああ、そうだったのか」という体験　心理学者カール・ビューラーの用語。難しい課題に取り組んでいる時、解決の方法が突然思い浮かぶような体験のこと。
67 *「我アルカディアにも在り」　アルカディアはギリシアのペロポネソス半島中央部にある高原地帯で、古代から牧歌的な楽園として理想化され、詩や絵画の題材としてたびたび取り上げられた。「我アルカディアにも在り」の「我」は「死」で、どんな理想郷にも死は在る、の意。一六二一年にイタリアの画家グェルチーノが絵画の主題として取り上げ、死の象徴として髑髏を描いた。この言葉はそれ以後、決まり文句となって、象徴的な意味を失った。シラーは「諦め」という詩を「私もまたアルカディアで生まれた」という一句で始めている。
74 *世界図絵《オルビス・ピクツス》　一六五八年チェコの教育学者ヨハン・アモス・コメニウスが出版した、世界で最初の挿絵入りラテン語教科書。絵と文字を対照させてラテン語の習得を容易にする工夫を施し、十七世紀から十八世紀にかけてヨーロッパの各地で愛用された。

76 *涙の谷　旧約聖書詩篇「彼らは涙の谷を過ぎるときも、そこを泉の湧く所とします。初めの雨もまたそこを祝福でおおいます」（84－7、日本聖書刊行会訳）に由来。現世での嘆かわしい生活を指す。

78 *非同時代的　元の語は ungleichzeitig で、即物的に訳せば「非同時的」。歴史の進歩に同調する同時代的な意識に対して、相対的に遅れた意識のことをいう。たとえば、資本主義社会の上昇期において、資本家と労働者階級の意識は同時代的であり、農民と小市民階級の意識は非同時代的である。非同時代的な意識は保守的で、反動勢力にも利用されるが、その内には反資本主義的な衝動も潜んでおり、現状を乗り越える契機も含まれている。以下の本文においては、ヨーロッパ諸国の資本主義の不均等な発展が、精神的上部構造に及ぼす影響の面から、この語が用いられている。すなわち、資本主義の発展が遅れたドイツでは、他のヨーロッパの諸国に比べて、中世の非同時代的な思考様式が残存した。しかし、そのことがかえって、パラケルススやベーメの深い思弁を生み、カントに始まる偉大なドイツ観念論を準備したとする。類語に本書でも用いられている unzeitgemäß（時代に合わない、時代に遅れた）があり、この語を冠したニーチェの著書の表題は、『反時代的考察』と訳されている。

79 *チュートン人の　元の語はラテン語の形容詞 teutonics。古代ゲルマン人の一派「テウトネス族の」の意で、「ドイツ人の」と同義。「チュートン」はその英語読み。

84 *「成れ！」　元の語は Fiat。ラテン語聖書の fiat lux!（光よ、成れ！、創世記1－3）に由来。

85 *ホムンクルス　ラテン語で「小さい人間」の意。『事物の本性について』の中で、錬金術の助けを借りて、精子から人工的に製造する方法が紹介された。現在ではこの著作はパラケルススの作ではないことが判明している。錬金術による人間の製造を思わせる箇所が、彼自身の著作にあることは確かなようである。

87 *第一物質　パラケルススは水銀・硫黄・塩の三元素説を立て、アリストテレスの水・火・空気・土の四元素説をその内に解消した。そしてさらに、これら三元素の根源にある第一物質として、本文以下にあるようにアルケウスを立てる。

88 *「ロトの妻は振り返ると、塩の柱になった」　夫ロトはアブラハムの甥。ロトは妻と娘二人を連れて、焼け落ちるソドムの町を離れたが、妻は天使の命にそむいて後ろを振り向いたため、塩の柱に変えられた（創世記19－26）。

**アルケウス　元の語はArcheus。「創造者」を表すギリシア語のarchaiosからの造語。種子の中に宿る創造的な力で、有機体にその形を与える。

***第五元素　アリストテレスは四大元素以外に、第五の本質的な元素としてエーテル（ギリシア語で「雲の上の大気」の意）を立てた。ここでは錬金術的な意味で、後に来る「エキス」と同義。

89 *マイセンの哀れな男ベトヒャー　錬金術師ヨハン・フリードリヒ・ベトガーのこと。一七〇九年ザクセン選帝侯アウグスト一世のもとで、錬金術研究の副産物としてヨーロッパ磁器の製法を発明した。王は製法の秘密を守るため、彼を監禁状態に置いた。

91 *アダム・カドモン　ヘブライ語で「最初の人間」の意。ユダヤ神秘主義のカバラが伝える人間の原像。ただ一人の巨人《マカントロポス》で、神から流出する十の属性《セフィロート》が、その身体に振り分けられたという。

96 *錫は木星の支配下　錬金術と占星術においては、天地照応の考えに基づいて、七つの天体が地上の七つの金属を支配する。すなわち、月、水星、金星、太陽、火星、木星、土星は、それぞれ銀、水銀、銅、金、鉄、錫、鉛を支配する。

99 *靴職人ヤーコプ・ベーメを念頭に置いた箇所　本文以下の引用において、小説の語り手はみずからの心情をベーメに仮託して述べている。文中の引用はベーメの著書から採られたものである。

101 *およそありえぬ引用　ラーベの小説『飢えたる牧師』は、ドイツの靴職人の妄想癖をよく伝えているが、ベーメの著書からの引用は、ベーメの弁証法的な思考の特徴を十分に表しているとはいえず、むしろただ一つの意志の内に対立物が解消されており、この点をブロッホは「ありえぬ引用」として批判している。

102 *「神に逆らう襲撃」　以下、段落の終りまでの「　」の部分は『曙光』からの引用。ただし、一部語句が書き改められている。「そのような懊悩のうちにあって、私の霊は……まるで大襲撃をなすかのように本気で神へと高揚し……愛と神の慈悲を求めて倦むことなく格闘せんと決意した。……いくらかの激しい襲撃ののちに、たちまち私の霊は地獄の門を突破して、神性の最内奥の誕生のうちにまで到り、そこで愛に包み込まれたのであった」（邦訳『アウローラ』薗田担訳、創文社、二〇〇〇年、二八〇―一頁）。

103 *ヨブの問い　ヨブは旧約聖書ヨブ記の主人公。神が与える苛酷な試練のために、義人ヨブは神に反抗して、ひたすら問いを発する者となる。本文次のベーメの問いと関連する問いを挙げておく。「なぜ悪者どもが生きながらえ、年をとっても、なお力を増すのか。」（ヨブ記21-7、日本聖書刊行会訳）。

108 *最初の力は、塩《サル》に分類される……　以下、七つの自然の諸力に関して説明されるが、そもそもベーメによる七つの分類は一定したものではない。ここでブロッホが従っている分類の仕方は、七番目の「肉体」を除けば、『恩寵の選び』で行われた分類に近い（邦訳「恩寵の選び」園田坦・岡村康夫訳、『ベーメ小論集』創文社、一九九四年参照）。

109 *根源霊　元の語はQuellgeist。前のQuellkraft（原動力）と同義。

115 *『神智学の六つの要点』からの引用　ブロッホは同書からの引用としているが、同書には少なくともこのままの形では存在しない。

118 *ヘラクレスの柱　ギリシア神話の英雄ヘラクレスが、はるか西方に住む怪物ゲリュオンから牛を奪うための旅の途中、現在のジブラルタル海峡に達した時に、ヨーロッパとアフリカの両岸に建てたとされる二本の巨大な石柱のこと。古代の地中海世界においては、ここが世界の境界と考えられ、石柱には「この先、行き止まり《ノーン・プルス・ウルトラー》」と刻まれていたという。

＊＊初版の口絵　本文直前の「さらに遠くへ《プルス・ウルトラー》」はベーコンのモットー。銅版画の下に添えられている説明文は、「大多数の者は過ぎゆき、学識は増すであろう」（旧約聖書ダニエル書12－4）。

120 **＊幸運は自分の手でつかめ**　直訳すると「幸運の鍛冶屋であれ」（五四頁の注参照）。これにつづく文は、幸運の女神を娼婦にたとえ、「厚かましい客」となることを戒めている。

138 **＊「事実にとってはますます都合の悪いことだ」**　理論と事実が一致しないことを指摘された際に、ヘーゲルが語ったとされる言葉。現代の常識から考えれば、都合が悪いのは理論の方で、ヘーゲルの強がりの言葉ととれる。しかし、ここでは革命的であった頃の市民階級が、悪しき社会的事実にラディカルな変更を迫る理性的要求の言葉として、ポジティヴな意味で用いられている。

153 **＊トミズム**　トマス・アクィナス（一二二五頃—一二七四）の唱えた哲学・神学説、そしてまたその信奉者（トマス派）の学説を指す。トマス説ともいう。

175 **＊『平和の擁護者』**　ブロッホは出版年を一三四六年としているが、一三二六年の誤りである。ちなみにマルシリウスの没年は一三四二／三年である。

180 **＊『君主論』から……**　ブロッホは『君主論』からといっているが、実際は『政略論（リヴィウス論）』第二巻の三十章から引用されている。

188 **＊三つの指輪の喩え**　レッシングが『賢者ナータン』（一七七九年）の中で用いているたとえ。父親が三人の息子（キリスト教、ユダヤ教、イスラム教）に指輪を与え、本物の指輪を手にした者が父の財産（真理）を受け取るというもの。

196 **＊イギリスのある国王**　チャールズ二世（一六三〇—八五、在位一六六〇—八五）のこと。ピューリタン革命によりフランスに亡命していた。教会、大学、王党右翼によるホッブズ非難が強まる中で、ホッブズに政治的・宗教的著作の出版を禁止した。

200 *マンデヴィルはイギリスで成長し……　ブロッホはイギリスで成長したと述べているが、誤りかと思われる。オランダのロッテルダムに生まれ、ライデン大学で医学・哲学を修めたのちにロンドンへ移住し、そこで開業医を営むかたわら文筆活動に従事した。当時は、オランダに生まれてイギリスに移住し、そこで社会的活躍をする人々が少なからずいた。

201 *諸目的の異常生殖《ヘテロゴニー》　ドイツの心理学者・哲学者ヴント（一八三二―一九二〇）が『倫理学』（一八八六年）の中で用いた言葉。主目的に向かって行為するうちに当初予定していなかった副次的目的が生じて来ること。

203 *香煙なき内在　宗教的儀式で使われる香の煙は、宗教を示す換喩。宗教を超越として前提としない無神論的内在の立場のこと。

210 *人間の精神はその貧しさのあまり……　この箇所はブロッホのいう「生きられた瞬間の暗闇」に通じる。ブロッホによれば、いまこの瞬間の体験は、私たち自身にあまりにも近く、認識することができない。私たちはいわば「生きられた瞬間の暗闇」の中にあるのだが、いまこの瞬間の体験は、過ぎ去った後になって、初めて私たちの方に向け直すことができ、認識することができる。しかし、対象の認識を可能にするこの距離は、近代の個別科学が等閑視した「有害な空間」であり、理論の物象化を招き寄せる原因ともなる。つまり、近代の個別科学は、いまこの瞬間の体験を、現に体験し把握する主観から切り離し、所与の事物として物象化させ、認識を築き上げて来た。ブロッホは近代の個別科学の認識論上のアポリアを、ヴィーコからの引用によってあらかじめ提示し、ルネサンスの哲学の講義を閉じる言葉としたのである。

訳者あとがき

本書はErnst Bloch : Philosophie der Renaissance（『ルネサンスの哲学』）の全訳である。このテクストの初版は、一九七二年にズーアカンプ社から『ルネサンスの哲学講義』（Vorlesungen zur Philosophie der Renaissance）として出版された。その後、一九七七年に若干の改訂が施されて、同社から出ているエルンスト・ブロッホ全著作集第十二巻『哲学史の間隙』（Zwischenwelten in der Philosophiegeschichte）に収められた。本書はこの全集版のテクストを翻訳の底本とした。

＊

この翻訳の仕事を引き受けた時、正直いって、私には本書の意義がつかめなかった。ブロッホは一九五〇年から五六年にかけて、ライプチヒ大学で哲学史の講義を行っている。本書のテクストはこの内から採られた。厳密にいえば、一九六二年から六三年の冬学期に、ブロッホはチュービンゲン大学でもう一度、ルネサンスの哲学を取り上げている（本書のテクストは、この二度の講義をもとにまとめられた）。足かけ七年間にわたった講義の中から、このテーマを再度取り上げたということは、ブロッホがその重要性を感じていたからだろう。

その時、私が抱いた感慨は、ブロッホの講義を聞いて、学生たちが抱いた感慨に、あるいは似ていたかも知れない。当時、ライプチヒ大学は、旧東ドイツの領内にあった。マルクス・レーニン主義を信奉したこの国では、講義の素材として哲学史を選ぶことが、すでに政治的な事件であったという。現在、この講義の全容は、ズーアカンプ社から出ている四巻本の『ライプチヒ大学哲学史講義』(Leipziger Vorlesungen zur Geschichte der Philosophie) で知ることができる。この講義において、ブロッホが一番時間を割いたのは、マルクスでもレーニンでもなく、プラトンでありカントであった。つまり、ブルジョア観念論の始祖ともいうべき人物に、ブロッホは時間を割いたのだ。ライプチヒの学生たちは思ったに違いない。なぜプラトンなのか。

では、なぜルネサンスの哲学なのか。この問いに答えるために、まず本書の歴史記述の方法から見てゆこう。ブロッホは序論で、次のように述べている。「ルネサンスの哲学は、従来の哲学の市民階級的な歴史記述において、あまりにも過小評価されて来ました。ファウスト博士の時代は、哲学史の上ではいつもただ通りすがりに、覗き見られたにすぎません。この時代はもっぱら主要な関心事への、つまり『我思う、ゆえに我あり』(cogito ergo sum) という命題によって、近代の哲学が始まるとされるデカルトへの、ささやかな導入役を演じるにすぎませんでした。」

通常の歴史記述においては、過去の出来事は、因果関係に沿って間断なく記述される。そして、過去の出来事は、現在の進歩に寄与した限りで評価される。いいかえれば、各々の時代は、以後の時代の前段階としてのみ価値をもつ。たとえば、ルネサンスの哲学は、中世の闇の世界から、近代の光の世界へ抜け出る前段階として評価される。しかし、ブロッホによれば、ルネサンスの哲学は、近代の哲学のたんなる前段階ではなく、そこには「前史以上の前史がある」。つまり、通常考えられているように、ルネサンスはたんなる古代の復興ではなく、「人間の脳裏にいまだ浮かんだことのないものの新生であり」、独自の価値を有しているのである。

そこでブロッホは、従来の哲学史がただ覗き見ただけのもの、目立たないものを、哲学史の関連から切り離して断片化《フラグメント》し、目立たせようとする。歴史記述の方法として、異化の戦略を採用するのである。それは、ベンヤミンやアドルノらとも共通する、目立たぬ細部へのまなざしであり、「問題は副次的なものを、新たなやり方で救い出すことなのである」（『哲学史の間隙』序論）。

その結果、フィチーノ、ピコ・デラ・ミランドラに始まり、ブルーノ、カンパネッラ、パラケルスス、ベーメ、ベーコン、ガリレイ、ホッブズらが、これまで背景に退いていた者たちが、哲学史の前景に踊り出て来る。しかも、この中には哲学の領域には属さぬ者、通常はルネサンスの区分には入らぬ者も含まれている。

さらにまた、遠く隔たっている者同士が、新たに構成された歴史の場で出会う。その典型的な例は、ギリシャ神話の巨神プロメテウスと、ゲーテが描くファウストとの出会いである。この出会いを媒介するのは、人文主義者スカリゲルが、新たな解釈を施したプロメテウスである。彼によれば、プロメテウスは、古代ギリシャにおけるような泥棒ではなく、「天に突進して私たちに火を運ぶ《第二の神》」であり、「新しい人間の造形者」である。さらにブロッホは、このプロメテウスのイメージに、ゲーテの『ファウスト』のイメージを重ねる。新しい生命を吹き込まれた古代のプロメテウスが、十八世紀末のファウストのイメージを先取りするのである。そして、このプロメテウス＝ファウストのイメージにリアリティを与えるのは、ファウストの伝説形成に一役買った実在のパラケルススである。

錬金術と迷信のヴェールの中で、いまや封建的‐神学的な社会では見られないもの、プロメテウス的なものが活動を始めます。この乗り越えてゆくものを、私たちは『ファウスト』によって知っています。この作品の空気は、パラケルススの形象で満たされています。それどころか、この作品の中には、文字どおりプロメテウス的なものが存在します。なぜなら、人間を製造すること、ホムンクルスを人工的に製造しようとする志向と処方箋は、パラケルススに由来するからです。

プロメテウスが「新しい人間の造形者」であるとすれば、パラケルススは錬金術の助けを借りて、文字どおり人間の製造をくわだてる。被造物にすぎなかった人間が、第二の神プロメテウスとして、神に代わって人間を創造するのである。神をも恐れぬ大胆な試みだが、ルネサンスの哲学の主題とは、端的にいえば、人間たちによる新たな天地創造であり、さもなければ、人間たちによる天地創造の完成に他ならない。パラケルススはいう。「なぜなら、自然が明るみに出すのは、それ自体では未完成なものにすぎないからである。人間がそれを完成させなければならないのだ。」

そのための突破口は、フィチーノらのイタリアの自然哲学をへて、ブルーノによって築かれる。彼の無限宇宙論によって、宇宙の天蓋は取り除かれ、神の超越は解体されて、無限な宇宙が内在となる。神の無限は宇宙の無限となり、万物の内に神が宿る。しかし、万物がみずからを形づくるためには、そのための礎石が必要である。その礎石となるのは、ブルーノがアリストテレス左派から継承した、能産的自然《ナトゥーラ・ナトゥランス》という物質概念である。物質は「形相をかたどるためのたんなる蠟」、たんなる素材ではなく、個々の経験的な物質の元にある根源的物質、そこからすべての形相が生まれ出る母胎である。この第一物質は、パラケルススの場合は水銀《メルクリウス》・硫黄《スルフル》・塩《サル》の元にあるアルケウスであり、ベーメの場合は七つの自然の諸力の存在形式としての質《クヴァアリテート》であり、カンパネッラの場合は万物を内包する原料としての無《ニヒル》である。

本書の中でも、ブルーノの章は、最も力のこもったものである。ブルーノの内在的立場と彼の物質概念が、ブロッホに通じるからである。「考えるとは乗り越えることである」とは、ブロッホの墓碑銘だが、「乗り越えること」（überschreiten）は、「超越」（Transzendenz）の原義であり、超越的行為は哲学にとって本来的ないとなみである。問題は超越の仕方である。ブロッホは、ブルーノが超越的行為を、世界内在的に行ったことを評価する。つまり、「超越なしに超越すること」（transzendieren ohne Transzendenz）が重要なのである。

また、ブルーノの能産的自然の概念は、ブロッホの物質概念と重なる。しかし、第一物質は、カンパネッラの規定にもあるように、個々の物質からすべての規定を取り払った、それ自体としては無のようなものであり、みずからを形づくることはできない。そこで、ブルーノは、物質を形づくる形相原理として、物質に内在する神、つまり世界霊を立てる。これに対して、ブロッホの場合、物質を形づくり、可能性を実現してゆくのは、主観的な相関者としての人間である。それゆえ、ブロッホは、ブルーノの汎神論の限界を指摘する。

ブルーノの名は他の著作では言及されることはあっても、主題的に論じられることはなく、これほどまとまった形で論じられるものは本書の他にない。他のルネサンスの思想家の場合も同様である。ブロッホの主著はほぼ紹介された感があるが、唯物論に関する著作はまだ紹介されておらず、本書はそれを補完する役割も果たすだろう。

イタリアの自然哲学、ブルーノの無限宇宙論、カンパネッラの太陽の国家、パラケルススの錬金術的医化学、ベーメの幻視者的神智学、ベーコンのイドラ論と技術的なユートピアと、本書で扱われる対象は多岐にわたる。しかし、その中心には第二の神、新しい人間の造形者プロメテウスのイメージがあり、新たな天地創造を行うための礎石として、能産的自然という未完の物質がある。ガリレイらの数学的自然科学、ホッブズの国家契約説、ヴィーコの歴史哲学は、ルネサンスの哲学の補遺にあたり、同時に近代の哲学への橋渡しの役も兼ねている。とりわけ数学的自然科学は、ルネサンスの哲学が保持した質的な自然像が、近代の量的な自然像に置き代わる端緒として位置づけられる。

宇宙の果てを見つめるブルーノ、無意識の深淵を覗き込むベーメ、最大者と最小者へそそぐまなざしの振幅の大きさに、眼もくらみそうだが、両方のまなざしをもつのはブロッホであることが、本書を読み進むうちに明らかになる。

科学が生の平方根であり、芸術が生の累乗とすれば、哲学は何であるべきか。われわれの血は川に、肉は大地に、骨は岩に、脳は雲に、眼は太陽にならなければならない。

これは一九〇二年、ブロッホが十七歳の時に書いた、「感性のルネサンス」という手稿の一部である。既存の哲学を打破するために、パルメニデスの一にして全《ヘン・カイ・パン》の思想を受けつぎ、小宇宙《ミクロコスモス》と大宇宙《マクロコスモス》を照応させて、「われわれの血は川に、肉は大地に、骨は岩に、脳は雲に、眼は太陽に」なることが、つまり感性のルネサンスが要請される。この短い手稿の断片からだけでも、既存の哲学の体系に飽き足らず、みずからの哲学を打ち立てようとする、青春期の英雄的熱狂と意欲が伝わって来るだろう。ルネサンスの哲学とは、実はブロッホの哲学の原像でもあったのである。

＊

最後に翻訳について触れておきたい。原著は講義の内容に基づいて書かれた著作である。とはいえ、『ライプチヒ大学哲学史講義』には、録音テープをそのまま起した他の講義のテクストとともに、そのままの形で収められている。そこで、元の講義の雰囲気を伝えるため、口語調で訳すことにした。翻訳にあたっては、一の「序論」から七の「フランシス・ベーコン」までを古川が、八の「数学的自然科学の成立」から十の「ジャンバティスタ・ヴィーコ」までを原が担当した。文体と訳語の統一は古川が行った。

ルネサンス期の著作の多くは、ラテン語で書かれており、そのためドイツ語原文にはラテン語が頻出する。ラテン語とドイツ語が併記されている場合、凡例にも記したように、引用文は日本語の訳だけで済ませたが、術語の場合は訳語の後に原語をはさむか、訳語にルビを振って対応した。わずらわしくなった点はお許し頂きたいと思う。

本書の第八章「数学的自然科学の成立」に関しては、すでに三島憲一氏による邦訳がある。翻訳にあたって参照させて頂いた（「エピステーメー」一九七六年十一月号、朝日出版社。ただし、テクストの初版からの邦訳で、全集版を底本とする本書と語句の異同がある）。

ルネサンスの哲学者たちの著作で、邦訳のあるものについては参照させて頂いたが、ラテン語あるいはイタリア語の原文から直接日本語に訳す場合と、間にドイツ語を挟んで日本語に訳す場合とでは意味に開きが生じる。そこで引用がある場合は、邦訳からの引用という形は取らず、あくまでドイツ語の原文を訳すことに撤した。また、ブロッホのまとめ方は彼独特のものであり、必ずしも原典に忠実というわけではない。そこで訳注で取り上げたもの以外は、参考文献として挙げることも控えさせて頂いた。ご寛恕をえたいと思う。

私自身、翻訳の仕事がこれほど長期にわたるとは思わなかった。この間、思い出せば様々なことがあったが、ここまで長引いたのはひとえに私の非力のせいである。ブロッホの思想展開であれば、彼のテクストはある程度読んでいるので、だいたいの予想はつくが、本書の場合はまったく勝手が違った。ドイツ語を読んだだけでは、さっぱり意味がつかめないのである。半ば当然のことでもあるのだが、ルネサンスの哲学者たちについて、生い立ちから基本思想まで、事前に一通りの知識をそろえる必要があった。しかも、タイプがまったく異なった思想家たちである。私の専門は現代ドイツ文学、本書の出発点はルネサンス・イタリア哲学。時代も地域も領域も違うわけで、早い話が門外漢である。一から始めて何とかここまでたどり着いたが、至らなかった点はご教示を仰ぎたい。

その点、途中から参加してくれた共訳者の原千史さんに感謝したいと思う。彼の協力がなければ、出版になお時間を要したことは確実である。

そして白水社編集部の稲井洋介さんにお礼を申し上げたい。七年間もの間、翻訳の原稿ができ上がるのを辛抱強くお待ち頂いた。氏の励ましがなければ、本書はおそらく日の目を見なかっただろう。訳文に関してもいろいろ指摘して頂き、人名索引の作成もお世話になった。本当に心からお礼を申し上げたい。

元はといえば、この翻訳の仕事は、亡くなられた好村冨士彦先生から、私に回って来た仕事であった。翻訳の完成を楽しみにしておられたが、間に合わせることができず残念である。今はただ感謝の気持ちを込めて、本書を先生の墓前に捧げたいと思う。

古川　千家

マ　行

ヤ　行

ラ　行

タ　行

ナ　行

ハ　行

人名索引

ア 行

カ 行

サ 行

訳者略歴

古川千家（こがわ せんや）

一九五一年山口県生まれ。一九八七年広島大学大学院文学研究科博士課程後期単位取得退学。ドイツ文学専攻。現在、愛媛大学法文学部人文学科教員。表象文化論の授業を担当。

主要論文「ブロッホとベンヤミン——作用史研究」(上)(下)「ブロッホ 未意識の発見」「スティーグリッツの写真シリーズ『等価』について」

原 千史（はら ちふみ）

一九六一年大阪府生まれ。一九九二年広島大学大学院文学研究科博士課程後期中退。ドイツ思想専攻。現在、福山大学人間文化学部人間文化学科教員。ドイツ社会思想などの授業を担当。

主要論文「構成と機能——アドルノの建築論」「アドルノにおける批評の弁証法」

主要訳書 ヴィガースハウス『アドルノ入門』（共訳、平凡社）

ルネサンスの哲学
ライプチヒ大学哲学史講義

二〇〇五年五月一〇日 印刷
二〇〇五年五月三〇日 発行

訳　者 © 古川千家 / 原千史
発行者 川村雅之
印刷所 株式会社精興社
発行所 株式会社白水社

東京都千代田区神田小川町三の二四
電話 営業部〇三（三二九一）七八一一
編集部〇三（三二九一）七八二一
振替 〇〇一九〇—五—三三二二八
郵便番号一〇一—〇〇五二
http://www.hakusuisha.co.jp

乱丁・落丁本は、送料小社負担にてお取り替えいたします。

松岳社（株）青木製本所

ISBN4-560-02449-9

Printed in Japan

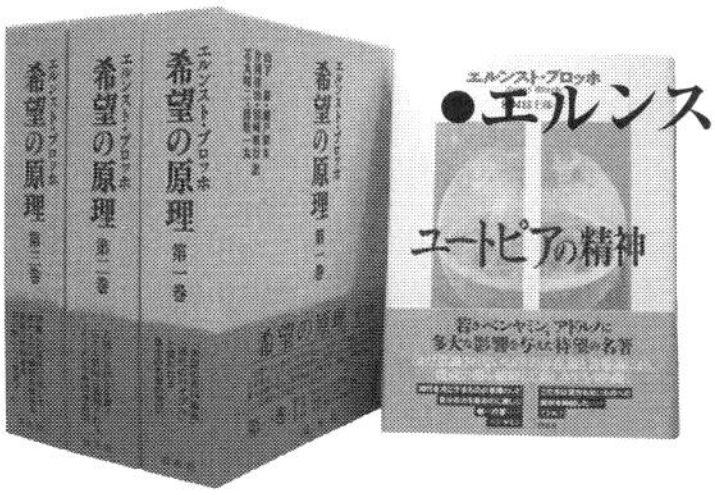
エルンスト・ブロッホ
希望の原理
ユートピアの精神